KB220526

매일 돈 버는 사람들

은행에서 16년 동안 수천 명을 만나며 찾은 부의 비밀

매일 돈 버는 사람들

은행원 소울러브 지음

소용

돈은 어떻게
모으고 불릴까?

사람의 인생을 연속적으로 지켜볼 수는 없지만 단편적인 순간을 엿볼 수 있는 곳이 몇 군데 존재한다. 출생을 지켜보는 산부인과, 아이들이 다니는 학교, 죽음을 맞이하는 병원이 있다. 그리고 은행이다.

나는 16년째 예금, 대출, 보험 등의 상품 판매와 고객들의 돈을 관리, 재테크를 상담하는 은행원이다. 은행에서 근무하면서 사람이 돈과 함께 어떻게 살아가고, 그 돈을 어떻게 다뤄야 하는지 배웠다.

돈에는 여러 얼굴이 있다. 첫 번째는 설렘이 있는 돈이다.

부모는 아이가 태어나면 아이 계좌를 개설하러 은행에 온다. 새내기 직장인은 첫 월급을 받고 저축을 하러 은행에 온다. 그들에게는 설렘이 느껴진다. 첫 집을 구매하기 위해 부부가 함께 대출을 받으러 온 사람들도 그렇다.

반대로 슬픔과 분노가 담긴 돈이 있다. 누군가 죽으면 상속 업무를 처리하러 은행에 온다. 그들에게는 세상의 모든 슬픔이 담겨 있다. 파산을 하러 온 사람들에게서는 분노가 가득 찬 모습을 본다. 돈이 적든 많든 사람들은 돈과 얽혀 산다.

입사하고 처음으로 발령받은 곳은 시장 앞에 위치한 지점이었다. 지점이 시장에 있다 보니 시장 상인들을 주로 만났다. 그들과 이야기하는 나날이 즐거웠다. 상인들의 돈주머니에서는 다양한 돈이 나왔다.

생선 가게 사장님의 돈에서는 생선 비늘이 튀어나왔고, 생선 냄새가 났다. 한약재를 취급하는 사장님의 돈에서는 약재 냄새가 났다. 돈이라는 모양은 같지만 같은 돈이 아니었다. 어떤 돈에는 존경이 느껴졌고, 어떤 돈에서는 기쁨이 묻어나오기도 했다. 늙은 모친의 병원비로 송금하는 돈에서

　　　　　　　　　　　　　매일 돈 버는 사람들

는 부모에 대한 사랑이 느껴졌고, 자신보다 먼저 세상을 떠난 자녀의 예금을 정리하는 돈에는 슬픔이 담겨 있었다.

넓지 않은 은행, 한 지점의 공간 안에 수천 개의 많은 감정이 오간다. 사람들은 각자 다른 목적을 위해 은행을 방문하고, 나는 그 사람들을 보며 사람과 돈을 배웠다.

돈의 무게는 사람마다 다르다. 돈의 가치도 누구에게나 다르다. 누군가는 돈에서 자유롭고, 누군가는 평생 돈 걱정에 시달린다. 누군가는 학원비, 공과금과 같은 생계유지를 위해 평생 일을 한다.

때로는 알고 싶었다. 왜 누군가는 하루하루 먹고사는 일도 힘들게 버텨야 하는지, 왜 누군가는 많은 돈을 주체하지 못해 돈 문제로 가족과 소송까지 진행하는지, 인간의 생을 함께하는 돈이란 도대체 무엇인지, 어떻게 하면 돈으로부터 자유로워질 수 있는지.

이 책에는 그러한 돈과 관련한 많은 사람들이 등장한다. 주변에서 볼 수 있는 평범한 사람들이지만 누군가는 투자를 잘했고, 누군가는 투자에 실패했다. 누군가는 빚더미에 앉게 되었고, 누군가는 파산을 했다. 그 차이는 무엇일까?

그렇게 16년 동안 수천 명의 고객을 만나며 궁금했던 질문의 답을 찾아나간 것이 바로 이 책이다.

나는 은행에서 사람들을 만나며 그 해답을 찾았고, 부를 일구기 위해 노력했다. 2017년, 처음 종잣돈 5,000만 원으로 투자를 시작했다. 그렇게 목돈이 모일 때마다 한 채씩 부동산을 사모았다. 2년마다 올린 전세금으로 재투자를 했다. 평일에는 직장인으로 일하고, 주말에는 부동산 공부를 하며 몇 년 동안 투자에 매진했다. 처음 재테크를 시작할 때 목표로 했던 10억 원이란 자산을 훌쩍 뛰어넘어 어느새 20억 원 이상의 자산이 쌓였다.

우리는 돈을 번다. 그런데 돈을 벌고 쓰느라 모으지 못하기도 한다. 벌지만 모이지 않는다면 정말 돈을 버는 것일까? 숨만 쉬어도 새는 돈이 아니라, 숨 쉬는 동안 돈이 돈을 벌어다줄 때 비로소 우리는 진짜 돈을 버는 사람이 될 것이다.

사람들은 돈에 관심이 많고, 매일 돈을 벌고 싶어 한다. 월급으로 '저축'을 하기도 하고, 내 집 마련을 위해 '대출'을 받기도 하고, 나이가 들어서는 '연금'을 받기도 한다. 이 책을 읽고 나면 은행에서 어떻게 돈이 흐르는지, 평범한 사람들은 돈을 어떻게 버는지 짐작할 수 있을 것이다.

점점 오프라인 지점이 사라지고, 모든 것이 비대면화 되어간다. 많은 직업이 그렇듯 은행원이라는 직업도 점차 줄어들 것이다. 그렇기에 언제 끝날지 모르는 은행 생활이지만, 은행원으로서 일하는 동안은 나의 사명 '나를 찾아오는 사람들에게 도움이 되겠다'라는 것을 오래 기억할 수 있길 바라본다.

16년 차 은행원 **소울러브**

돈 그릇을 키우는 금융 용어

- **CD** Certificate of Deposit   시장에서 양도가 가능한 정기예금증서를 말한다. 다른 정기예금증서와 달리 투자자는 매입한 CD를 만기 전에 다른 투자자에게 팔 수 있다. 만기는 30일 이상이며 주로 91일(3개월물)이나 181일(6개월물) 금리가 대표적이다. CD는 매매를 위해 은행의 승인을 받지 않아도 되며 특별한 매매절차도 없다. 따라서 단기간에 정기예금 수준의 이자를 받으면서도 필요시 매매를 해서 현금화할 수 있다. 다만 예금자보호법의 적용을 받지 않는다.

- **DSR** Debt Service Ratio   가지고 있는 모든 빚을 기준으로 빌릴 수 있는 돈의 상한선을 정한다. 주택담보 대출뿐만 아니라, 마이너스 대출, 카드론, 자동차 할부 등 모든 대출을 합해 연소득 대비 일정 비율까지만 대출이 나온다.

- **DTI** Debt to Income   소득에 비해 빚을 갚을 능력이 얼마나 되는지 알아보는 지표이다. 1년 동안 갚아야 할 주택 대출의 원금과 이자를 연소득으로 나눈 뒤, 100을 곱해서 구한다. DTI가 낮을수록 빚을 갚을 능력이 높다고 여긴다.

매일 돈 버는 사람들

- **ETF** Exchange Traded Fund 상장지수펀드로 인덱스 펀드를 상장하여 주식처럼 거래할 수 있다. 증권사, 은행에서 가입이 가능하며 보통 5만 원부터 가입할 수 있기 때문에 경제 흐름이나 주식에 관심을 가지려는 초보에게 추천한다. 내가 직접 투자해야 관심을 더 많이 갖게 된다.

- **IRP** Individual Retirement Pension 개인형 퇴직연금이다. 근로자의 퇴직금을 자신 명의의 퇴직 계좌에 적립해 연금 등 노후자금으로 활용할 수 있다. 퇴직하지 않아도 누구나 개설이 가능하다. 예금 · 펀드 · 채권 · 주가연계증권(ELS) 등 다양한 상품에 투자할 수 있다.

- **ISA** Individual Savings Account 개인종합자산관리계좌이다. 이 계좌에 예·적금, 펀드, 상장지수펀드(ETF), 주식 등 다양한 금융상품에 투자하면 200만 원(서민·농어민형은 400만 원 한도)까지 비과세 혜택을 준다. 2016년 3월에 신탁형과 일임형 ISA가 도입됐고, 2021년에 개편해 국내 상장 주식 등에 투자가 가능한 투자중개형 ISA가 출시됐다.

- **LTV** Loan to Value Ratio 주택담보대출로, 내가 살 집을 담보로 금융기관에서 집값 대비 얼마를 빌릴 수 있는지 나타내는 지표이다. 만약 5억 원짜리 집을 위해 집을 담보로 4억 원을 빌렸다면 LTV는 80퍼센트가 된다.

- **갭투자** 시세차익을 목적으로 주택의 매매 가격과 전세금 간의 차액이 적은 집을 전세를 끼고 매입하는 투자 방식이다. 전세 계약이 종료되면 전세금을 올리거나 매매 가격이 오른 만큼의 차익을 얻을 수

있어 저금리, 주택 경기 호황을 기반으로 유행했다. 부동산 호황기에 집값이 상승하면 이익을 얻지만 반대의 경우에는 깡통주택으로 전락해 집을 팔아도 세입자의 전세금을 돌려주지 못하거나 집 매매를 위한 대출금을 갚지 못할 수 있다.

· 계약갱신청구권 2020년 7월에 생긴 청구권으로, 임차인이 희망하는 경우 1회에 한하여 2년 계약 갱신을 청구할 수 있다. 임차인의 주거 안정성을 확보하는 권리이다. 임차주택에 최대 4년까지 거주가 가능하고, 전세와 월세 보증금과 월세를 5퍼센트 이내에서 조정이 가능하다.

· 담보대출 부동산을 물적 담보로 자금을 융통하는 금융거래를 말한다. 주택을 구입할 때 자금이 부족하면 그 부족분을 금융기관에서 융자받고 장기간에 걸쳐 변제한다. 대신 담보로 저당권을 설정해준다. 또 가계자금이 부족하거나 사업자금이 필요하여 부동산을 담보로 자금을 빌리기도 한다. 융자금을 다 갚고 노후에 수입이 적어 생활자금이 필요하면 다시 주택을 담보로 매월 생활비를 받아 쓸 수 있다.

· 연금저축 은행과 증권사에서 계좌를 만들어 운용할 수 있다. 은행에서 만들면 연금저축신탁, 증권사에서 만들면 연금저축펀드, 보험사에서 만들면 연금저축보험이다. 납입할 때 세액공제 혜택과, 55세 이후 연금 수령시 비교적 낮은 연금 소득세가 부과된다.

· 코스트 에버리징 효과 펀드를 매번 다른 가격에 정기적으로 소량씩 매입하면 보유한 펀드 가격이 자동으로 평균화된다. 즉, 주가가 높을

매일 돈 버는 사람들

때는 적게 매수하고, 주가가 낮을 때는 많이 매수하면 평균 매입 단가가 낮아진다. 그러면서 손익이 희석되는 효과를 코스트 에버리징 효과 또는 평균 매입 단가 인하 효과라고 말한다.

- 헤지 Hedge 환율, 금리 또는 다른 자산에 대한 투자 등으로 보유하고 있는 자산의 가격 변동의 위험성을 제거하는 것이다. 확정되지 않은 위험자산을 확정된 안전자산으로 편입하는 과정이라 할 수 있다. 주로 선물 옵션과 같은 파생상품을 이용한다. 이렇게 매입하거나 매도를 하여 위험을 피할 수 있다.

목차

매일 돈 버는
사람들

_ 투자는 이렇게 한다

돈 때문에
울지 않으려면

_ 잘못된 투자에서 배울 것

3장

부자는
이것부터 다르다

_ 돈을 대하는 마음과 습관

돈 걱정 없이
자유롭게 사는 법

_ 모두를 위한 부의 비밀

매일 돈 버는
사람들

_ 투자는 이렇게 한다

20대 프리랜서의
노후 준비

_IRP와 연금저축

어느 날, 예쁘게 차려입은 하린 씨가 왔다. 20대 중반의 나이였는데 생각보다 자산이 많았다. 20대 중반이라면 이제 막 취업해서 돈을 벌기 시작한 나이일 텐데 어떻게 돈을 모았을까?

하린 씨는 특유의 발랄함과 쾌활함으로 자신의 이야기를 스스럼없이 했다. 덕분에 어떻게 자산을 모았는지 알 수 있었다.

"저는 방송 일을 하고 있어요. 그렇다고 텔레비전에 나오는 연예인은 아니고, 인터넷 방송을 해요. 오래 전에 시작했는데 이젠 유튜브까지 하려고 준비하고 있어요."

하린 씨는 계속해서 밝은 기운을 내뿜으며 자신의 이야기를 이어나갔다.
"친구들 대부분은 취업해서 일하는데 저는 자유롭게 일할 수 있는 제 일이 좋아요."

그렇게 또래와 다른 길을 걸으면서 나이에 비해 많은 수입을 번 하린 씨는 그 돈을 모으고 불리는 일에도 진심이었다. 다양한 금융 상품에 투자하며 일부는 안정적으로, 일부는 공격적으로 자신만의 속도에 따라 돈을 불려나갔다.

하린 씨는 마지막으로 말했다.
"이렇게 안정적으로 벌어서 노후까지 편안하게 지냈으면 좋겠어요."

모두가 가지 않는 길을 선택한 용기가 대단했다. 지나가는 모든 이들이 스승이라는 말이 있듯, 고객으로 만난 그녀 역시 나에게 스승이 되어 주었다. 하린 씨의 말을 듣고 문득 나의 노후를 생각했다.

60세에 은퇴하면 나는 어떤 모습일까? 몇 년 동안 여가를 즐기며 놀다가 그 뒤에는 일이 필요해서 소일거리라도 찾아다닐까?

우리는 스스로에게 이런 질문을 던져봐야 한다.

'노년에 과연 나는 무슨 일을 할 수 있을까?'

'더 이상 조직이 나를 필요로 하지 않을 때 내가 나에게 줄 수 있는 나의 일은 무엇일까?'

혹시 먼 미래라고 생각하는가? 돈은 어떻게 벌고 있는가? 현재 직장에서 주는 수입에만 의존하지는 않는가?

어떤 사람은 당장의 삶을 즐길 뿐, 미래를 위한 대비하지 않는다. 먼 미래를 생각하면 할수록, 답은 보이지 않고 깜깜한 현실만 직시할 뿐이기 때문이다.

16년 동안 직장인과 투자자로서 살아온 내가 당부하고 싶은 말이 있다. 지금 당장 미래를 준비하라는 것이다. 현실적으로 우리가 빨리 노후 준비를 하는 방법이 있다. 바로 '사적연금'이다.

스스로 준비하는
연금제도

연금은 '공적연금'과 '사적연금'으로 나뉜다. 공적연금은 나라에서 보장하는 연금이다. 공적연금은 국민연금, 군인연금, 사학연금, 공무원연금으로 나뉜다. 직장인이나 사업자라면 국민연금을, 직업군인이었다면 군인연금을, 선생님이라면 사학연금을, 공무원이라면 공무원 연금을 가입해야 한다. 이러한 연금은 65세부터 수령할 수 있다.

하지만, 공적연금만으로는 노후 준비를 하기에 부족한 것이 현실이다. 그래서 내가 추천하는 연금은 사적연금이다. 사적연금은 말 그대로 개인이 직접 준비하는 연금 상품이다. IRP(개인형 퇴직연금), 연금저축이 있다. 이 상품은 연금의 역할도 하지만 소득이 있는 동안에는 세액공제의 혜택까지 준다. 젊었을 때는 세금을 아껴주고, 노후에는 연금으로 지급받을 수 있는 상품이다.

2030대에게 '연금은 먼 이야기'처럼 느껴진다. 연금을 들려 해도 사적연금은 55세 이상부터 수령이 가능하므로 가입을 꺼려하는 사람도 많다. 하지만, 50세 이후에 퇴직하는 직장인이라면 노후에 나를 지키는 방법은 소득이 있는 때에 조금씩 준비해놓는 연금뿐이다.

55세부터 65세까지는 사적연금을 수령받고, 65세 이후부터는 사적연금과 공적연금을 동시에 수령하면서 노후를 보장받을 수 있다. 안 할 이유가 없다.

IRP와 연금저축은 두 상품 합산하여 연간 1,800만 원까지 불입할 수 있다. 다만, 세액공제의 한도는 연간 900만 원까지이다. 나 역시 매년 900만 원씩 불입하면서 연말정산 혜택을 받는다.

다음 세 가지 경우에 해당하는 사람들은 연금 상품을 하루라도 빨리 가입하는 편이 유리하다.

1) 오래 근속하는 직장에 다니는 사람

직장인들은 대부분 매년 연봉이 상승한다. 물가상승률까지 미치지 못하더라도 어느 정도 연봉은 오르는 것이 현실이다. 특히 한 직장에 오래 근속하는 사람이라면 별다른 이슈가 없는 한 연봉은 매년 오르게 될 것이다. 연봉이 오른다는 뜻은 그만큼 내야 할 세금도 많아짐을 뜻한다. 연봉이 높아져도 살림살이는 여전한 이유이다. 장기근속이 가능한 직장에 근무하는 사람이라면 세제 혜택을 받을 수 있는 상품에 가입하는 것이 유리하다.

중간에 이직하면 이 계좌에 대한 혜택은 못 받을까? 그렇지 않다. 소득이 있는 한 이 계좌에 돈을 불입함으로서 세액공제 혜택을 받을 수 있다. 근로소득자뿐만 아니라 사업자도 세액공제가 가능하다.

2) 소득이 높은 사람

우리나라는 누진세율을 적용하고 있다. 연봉이 높아지면 당연히 부자가 된다고 생각하지만 실상은 그렇지 않다. 연봉이 올라갈수록 더 많은 세금을 내야 하기 때문이다. 직장인들은 '원천징수'라고 해서 월급을 받을 때부터 세금을 공제하고 받게 된다.

모든 소득이 있는 곳에는 세금이 존재한다. 세금을 더 많이 냈으면 환급을 받고, 세금을 적게 냈으면 더 토해내는 것이 연말정산이다. 그러나 IRP, 연금저축에 불입한 돈은 세액공제라는 이름으로 세금을 감면받는다. 연봉이 높지 않으면 내야 하는 세금도 적다. 하지만 연봉이 8,800만 원 초과

하고 1억 5,000만 원 이하인 사람은 35퍼센트의 세율을, 연봉이 1억 5,000만 원 초과하는 사람은 38퍼센트의 세율을 적용받는다. 고연봉자일수록 더 많은 세금을 내는 누진세율인 우리나라에서는 세제 혜택을 받는 상품은 꼭 가입하는 것이 좋다.

3) 연금에 대한 필요성을 느끼는 모든 사람

대부분의 사람들이 IRP를 가입하는 이유는 세금 혜택 때문이다. 사실 세액공제만큼 중요한 혜택이 바로 연금으로 수령하면서 노후 준비까지 할 수 있다는 사실이다. 많은 사람들이 국민연금을 준비하는데 국민연금으로 노후 준비가 불가능한 것이 현실이다.

2030대들은 노후 준비가 크게 와 닿지 않겠지만 나는 은행에 근무하면서 연세가 많으나 마땅한 소득이 없는 사람들을 자주 본다. 그리고 소득이 없는 노후가 얼마나 두려운 것인지 조금 더 가까이서 지켜보았다. 현재를 즐기는 것 만큼이나 젊을 때 안정적인 미래를 준비하는 일은 너무 중요하다. 그래서 나는 2030대를 만나면 연금 상품은 젊을 때부터 준비하라고 추천한다.

자신은 평생 일한다고 생각하고 소득이 있는 때에 연금 준비를 소홀히 하는 경우가 많다. 하지만 예상치 못한 일로 일을 그만두는 경우도 또는 정년까지 일했음에도 노후를 준비하지 않아 곤경에 처하는 경우도 보게 된다. 불확실성이 가득한 삶에서 우리가 할 수 있는 것은 최소한의 준비를 하는 것이 내가 나를 지키는 일이다.

여기에 더해서 연금과 같은 금전적인 것뿐만 아니라 은퇴 후에 먹고사는 문제를 떠나 진짜 좋아하는 일, 즐길 수 있는 일을 할 수 있는 기반을 미리 만들기를 권한다. 내가 나에게 줄 수 있는 일이 무엇인지 발견하는 시간을 갖고, 노후를 위한 연금을 미리 준비한다면 은퇴 후 시간은 설레는 인생 2막이 될 것이다.

매일 돈 버는 사람들

50대 가정주부가
돈 버는 법

_분양권 매수

은행 업무는 크게 수신업무와 여신업무로 나뉜다. 수신업무는 고객의 돈을 맡아주는 것이고, 여신업무는 고객에게 돈을 빌려주는 것이다. 대출 업무는 일회성 업무가 아니라. 대출을 받는 목적, 소득, 히스토리 등 여러 정보가 필요하다. 그렇기 때문에 고객과 깊은 이야기를 나눌 수 있는 기회가 많아진다.

여신업무를 하면서 고객과 이야기를 나누는 경험이 나에게는 꽤 의미 있는 일이었다. 은행 창구에서 나와 다른 직업이나 다른 삶을 살아가는 사람들을 만나고 이야기를 들으면

흥미롭다. 내가 은행원이라는 내 직업을 좋아하는 이유 중 하나이다.

어느 날, 대출을 갚으러 50대 가정주부 미희 씨가 왔다. 업무를 처리하며 원금이 얼마 남지 않았기에 이런 말을 전했다.

"많이 갚으셨네요."

"말도 마세요. 그때 내가 그걸 왜 사서 아주 꼴도 보기 싫어요!"

미희 씨의 말을 들어보니 친척의 권유로 경기도 외곽의 오피스텔을 매수했다고 했다. 10년 전 그 입지에는 오피스텔이 없었는데 시간이 지나고 나니 오피스텔이 우후죽순 들어섰고, 10년이나 지났는데도 분양가보다 못 미치는 금액에도 거래가 안 된다고 했다.

"내가 그때 왜 그 멀리까지 가서 그걸 샀는지 이해가 안 되네요. 그 돈으로 여기 아파트를 샀으면 부자가 되었을 텐데 말이에요! 그나마 거기에 대기업이 있어서 월세가 한 번도 밀리지는 않았어요. 그거 하나로 위안 삼아요."

여기까지 들으면 분명 아픈 이야기였을 텐데 조금 더 대화를 나누다보니 그것이 발판이 되어 그 뒤에는 좋은 투자를 많이 했다는 말이 이어졌다.

"그 뒤로 이 근처 분양한 아파트를 피 조금 주고 샀는데, 그 아파트가 몇 배나 올랐지 뭐예요? 그때 몇 채 더 사려고 했는데 남편이 뜯어말려서 두 채만 샀어요. 아무튼 그 아파트가 지금은 효자 노릇해요."

10년 전에 잘못 산 오피스텔 투자를 만회하고 아파트 분양권 두 채를 프리미엄 주고 매수해서 지금은 시세차익만 몇 배인 상황이었다.

미희 씨는 이런 말도 덧붙였다.

"제가 임대를 준 아파트들은 전세보증금이 낮은 데다가 보증금도 몇 년 동안 올리지 않았어요. 그래서 임차인들이 명절 때만 되면 감사하다고 소고기를 보내요."

미희 씨 같은 임대인 집에 임차로 사는 사람은 정말 복 받은 사람이다.

몇 번의 실수가
더 좋은 투자를 만든다

누구나 처음은 있다. 고객이 만약 오피스텔 투자를 하지 않았더라면 분양권 매수라는 것을 할 수 있었을까? 첫 술에 배부른 투자가 있을까? 몇 번의 실수를 거치고 경험치를 쌓고 나면 더 좋은 투자를 하게 된다.

아무것도 하지 않는 것보다 경험하며 실수해보는 편이 장기적으로 우리에게 성장을 가져다준다. 문제는 우리가 늘 실수 없이 최고의 성공을 거두기를 바라는 마음 때문일지도 모른다.

넘어지지 않고는 걷는 법을 배울 수 없다. 걷는 법을 배우지 않고 뛰는 법을 배울 수 없다. 성장하는 데 실패, 실수는 필연일 수밖에 없다.

미희 씨와의 10분 남짓한 대화였지만 여러 생각이 들었다. 누군가는 실패라는 경험을 하며 넘어지는 것으로 끝나지만 누군가는 실패라는 경험을 교훈 삼아 다음번에 더 나은 선택을 한다.

나 역시 투자할 때, 내 생각이 틀릴 때도 많았다. 하지만 중요한 사실은 맞고 틀림이 아니다. 내가 어떤 관점으로 현 상태를 바라보았다는 사실이 가장 중요하다. 그 생각이 맞았는지 틀렸는지는 훗날 시장이 말해준다.

나쁜 경험을 하지 않고 누군가의 간접경험으로 교훈을 얻을 수 있다면 가장 좋을지도 모른다. 하지만 몸소 체험하며 배우면 그 기억과 경험이 인에 박혀 인생의 최고 스승이 되어준다.

아무 일도 하지 않으면, 아무 일도 일어나지 않는다. 그렇기에 여러 도전과 시도로 경험치를 쌓는 일이 중요하다. 그 경험의 끝에는 반드시 과정의 복기가 있기를 바란다. 결국, 최대한 옳은 선택은 충분히 기록하고 복기하는 과정에서 나타날 것이다.

30대 은행원이
자산가가 되기까지

_부동산과 주식

　　최근 은행에서 전세대출을 연장하는 사람 가운데, 보증금 변동 없이 재계약을 하는 경우가 많다(2022년 기준). 간혹 보증금을 돌려받으며 재계약을 하는 경우도 있다. 보증금을 돌려받는다는 말은 2년 전보다 전세가가 떨어졌다는 뜻이다. 불과 몇 달 전만 해도 임대인의 무리한 전세금 인상에 이사를 가지도 못하는 상황에서 울며 겨자먹기로 전세금을 올려주는 사람들이 대부분이었다. 이렇듯 시장 상황은 순식간에 바뀐다.

　　나 역시 부동산 투자를 시작한 뒤 2018년, 2019년 역전세를 경험했다. 전세가가 하락하는 경험을 한 뒤 매매가보다 더 자주 전세가를 확인했다. 그 당시 2,000만 원가량 전세금을 내주는 경험을 두 차례 했다. 둘 다 같은 지역이었는데 한 지역에 부동산을 여러 채 보유했을 때 리스크가 무엇인지 배웠다. 투자자라면 예상치 못한 상황에 대비하여 반드시 현금을 보유할 여력이 필요하다.

나는 부동산 투자를 하며 자산이 오르고, 하락하고, 전세가가 오르고 내리는 등 굉장히 많은 경험을 했다. 어떤 경험은 나를 잠 못 들게 했으며, 어떤 경험은 나를 성장시켰다. '경험은 최고의 스승'이라는 말은 만고의 진리였다.

부동산 사이클,
돌고 돈다

그러다 역전세 시기가 끝나고 전세값이 폭등하는 시기가 왔다. 내가 소유한 아파트 중 전세값이 많이 오른 아파트는 1억 원까지 증액했다. 나는 증액분은 모두 재투자를 했다. 그렇게 자산을 늘려가는 시기를 1-2년을 보냈다. 이때는 집을 여러 채를 소유한 사람들이 많은 현금을 회수하는 시기였다. 특히 폭등한 전세값에 임차인을 보호하기 위해 '계약갱신청구권'이라는 제도가 시행되었는데 이 제도가 도리어 전세가 폭등에 영향을 미쳤고, 임차인과 임대인 사이 갈등을 야기시키는 주범이 되었다.

임차인은 전세금 5퍼센트 인상만으로 한 번의 계약기간 연장을 요구할 수 있었다. 2년 만에 올라버린 전세값에 갈 곳을 잃은 임차인들은 당황했다. 그나마 계약갱신청구권을 쓸 수 있으면 다행이었다.

임대인이 직접 입주를 하는 경우에는 계약갱신청구권도 쓸 수 없었다. 일부 임대인들은 자신이나 가족이 입주한다는 핑계로 임차인을 내쫓고 훨씬 높은 금액에 임차를 놓았다. 그렇게 함으로서 많은 현금을 회수할 수 있었다. 일부 임차인은 실제 임대인이 입주한 것이 맞는지 확인했고, 사실이 아닌 경우 소송하는 일까지 생겨났다. 혼란스러운 시기가 약 2년 동안 지속되었다.

부동산 시장에서 영원한 것은 없다. 상황은 또 바뀌었다. 하락한 전세값에 임대인은 많게는 몇 억 원씩 돌려줘야 하는 시기가 되었다. 반대로 임차인은 집을 골라서 이사할 수 있는 상황이 되었다. 지금은 여러 채를 가진 사람들은 전세금을 돌려줘야 하는 2년 전과 반대의 상황에 놓이게 된 것이다.

코스트 에버리징
하는 투자

투자를 할수록 더 어렵게만 느껴진다. 그 이유는 정답이 없기 때문이다. 부동산 공부를 처음 시작할 때 '부동산은 생물'이라는 말을 많이 들었는데 정말 그렇다. 그때는 옳았던 것이 지금은 틀리기도 한다. 부동산 투자 경험이 늘어날수록 투자자로서의 경력도 늘어난다.

투자를 시작하고 몇 년 동안 돈을 버는 것을 넘어 인생의 이치를 배우는 중이다. 투자도 영원한 것은 없고, 그때는 옳았더라도 나중은 틀릴 수 있다는 사실, 결국 모든 일은 인과응보로 돌아온다는 사실이다. 너무 욕심을 부리기보다 순리대로 투자해야 한다는 진리를 배운다.

나는 부동산 말고도 펀드와 주식 투자를 병행하고 있다. 특히 개별 종목보다는 적립식 펀드를 선호한다. 주식은 시세가 하루에도 몇 번 씩 바뀌면서 시세의 등락에 의해 일희일비하기 쉽다. 투자는 절대적 시간이 필요한 법인데, 쉽게 사고팔 수 있다 보니 조금의 수익을 보고 파는 경우를 종종 보게 된다.

왜 주식은 팔고 나면 더더욱 오르는 것일까? 또는 이미 낮은 가격이라 생각했는데 지하까지 뚫고 내려가는 시세를 보기도 했으리라. 차트를 아무리 잘 볼 줄 안다고 해도, 타이밍을 맞추는 것은 신의 영역처럼 느껴진다.

주식창을 하루종일 붙들기 어려운 나와 같은 직장인이라면, 주식보다는 적립식 펀드에 투자하는 편이 시간 대비 합리적이다. 펀드는 전문가가 나를 대신해서 투자 상품을 운용해준다. 비록 펀드를 대신 운용해주고 수수료는 내지만 적립식 펀드의 가장 큰 장점인 '코스트 에버리징 효과Cost Averaging Effect'를 가장 잘 누릴 수 있다.

코스트 에버리징은 투자 기간 동안의 변동성을 최소화해 안정적인 수익을 내기 위한 전략이다.

매일 돈 버는 사람들

적립식 펀드의 경우 3년 이상 장기불입을 추천한다. 가장 좋은 투자 시기는 바로 지금이다. 상승과 하락을 반복하는 주식시장을 그 누구도 예측할 수 없으니 적립식 장기투자를 하며 평균 매입 단가를 낮춰서 수익을 내는 것이다.

나의 경우 연금펀드를 투자 상품으로 운용하면서 평균 50퍼센트 이상의 수익을 내고 있다. 연금이야말로 장기상품 중 하나이다. 안전한 예금은 잃지 않지만, 물가상승을 감안한다면 마이너스가 된다. 연령에 따라 젊은 나이라면 공격적인 상품의 비중을 늘리고, 연령이 많아질수록 안정적인 상품의 비중을 늘리는 방식으로 투자 상품에 관심을 가지면 좋다.

부를 일구고 싶다면 부동산부터 시작해서 주식으로 넓혀가기를 권한다. 부동산은 살아가기 위해 꼭 필요한 필수재이지만, 주식은 사도 그만 안 사도 그만이다. 하지만 대부분은 주식부터 시작하는 경우가 많다. 적은 돈으로 할 수 있고, 거래장벽도 낮기 때문이다. 둘 다 관심을 갖고 투자하되, 나에게 우선순위가 무엇인지 먼저 확인해보는 과정도 필요하다.

그럼에도 가장 좋은 때는
바로 지금

30대인 내가 여러 투자를 하며 깨달은 진리가 있다. 아무리 집값이 하락하고, 전세값이 하락해도 예전 가격으로는 절대 돌아갈 수 없다는 사실이다. 그것을 인지한 순간, 내가 어떤 자세를 취해야 할지 알게 된다.

은행에서 근무하면서 많은 부자를 만나왔다. 거의 100퍼센트라고 할 만큼 부자들의 포트폴리오에는 부동산이 포함되어 있었다. 우리가 부동산을 알아야 하고, 투자해야 하고, 소유해야 하는 이유이다. 대다수의 부자가 실물경제에 관심을 갖고, 주식에 관심을 갖는다.

우리는 모두 부자가 되길 원한다. 하지만 부자가 되는 방법을 배우려고 하진 않는다. 대부분 부자는 나 말고 다른 사람이 된다고만 생각한다. 아니다. 우리 모두 부자가 될 수 있다. 우리 자산을 돌아보자. 자산은 관심을 기울이면 기울일수록 점점 자라난다.

나는 은행원이지만 저축만을 강조하지 않는다. 내가 직접 투자를 해보고 하는 소리다. 현금만 보유하는 방법은 절대 최선이 아니다.

돈이 계속 유통되고 흐르는 은행에서 오랜 시간 일한 뒤에 깨달았다. 우리가 부자가 되는 첫 번째 방법은 실물 자산 소유다. 수백억 원대의 부자가 아니더라도, 나와 내 가족을 지킬 수 있는 유일한 길은 시간을 먹고 자라나는 자산을 보유하는 것임을 잊지 말자.

울며 겨자 먹다가
웃었던 사연

_다주택

은행 창구에서 일하면 다양한 사람을 만난다. 사람을 상대하는 일이라 스트레스를 받기도 하지만, 어떤 사람을 만나든 그 안에서 의미를 발견하기도 한다.

특히 대출 업무는 고객과의 만남이 일회성이 아니기 때문에 신중해야 하는 업무다. 자금이 필요한 이유, 고객의 소득, 보유한 주택 등 깊은 이야기를 나눠야 한다.

하루는 60대 만근 씨가 창구를 찾아왔다.

"제가 지금 쓰고 있는 대출 금리가 몇 프로죠? 확인하고 싶어요."

대출 금리를 3퍼센트 초반으로 쓰고 있었기에 현재 기준으로 아주 저렴하게 대출을 이용 중이라고 대답했다.

만근 씨는 다시 이야기했다.

"대출 받을 때, 집값이 엄청 쌀 때였는데, 대출 받아서 집사서 집값도 오르고 대출이자도 저렴해서 다행이네요. 그때 이 집 사면서 다른 집도 하나 있었는데 그 집은 40평대라 안 팔려서 그냥 뒀는데, 그 집도 15억 원이 되었지 뭐예요. 안 팔려서 정말 다행이지, 지금 그 집에는 신혼인 아들 내외가 살아요."

이야기의 요점은 집값이 최저점이던 시절에 40평대 집을 보유한 상태에서 소형 아파트 한 채를 더 샀고, 40평대 집은 매도를 하려고 했으나 팔리지 않아 울며 겨자 먹기로 보유했다는 것이다. 그런데 결국 집값이 올라서 행복한 결말이 되었다는 말이었다. 자산 가격은 장기적으로 우상향함을 보여주는 사례였다.

투자에 옳고
그름은 없다

나이가 들어갈수록 '새옹지마'라는 사자성어는 인생의 모든 상황에 적용할 수 있다. 그때 취직이 안 되었기에 더 좋은 기회를 잡을 수 있었다든지, 그때 그 학교에 불합격했기에 다른 학교에 갈 수 있었다는 결과를 낳는다. 그때는 좋다고 생각했는데 지나고 나면 진짜 좋은 것이 아니었음을 알 수 있는 일은 너무나 많다.

인생도 마찬가지다. 그때는 틀렸다고 생각했는데 지나고 보면 그게 맞았던 경우가 있다. 그때는 맞는 길이라고 생각했는데 지나고 보니 다른 길로 가야 했다는 것을 알게 되는 경우도 있다.

그날 만났던 만근 씨도 같은 상황이었다. 울며 겨자 먹기로 보유했던 부동산이 결국에는 효자 역할을 하게 된 것이다. 그렇게 되리라고 누가 예측이나 했을까?

투자를 할 때는 종종 이런 일이 발생한다. 그때는 맞다고 생각해서 진행했던 투자였으나 지나고 나니 옳은 선택이 아니었음을 알게 된다. 그때는 잘못되었다고 생각했던 투자인데 지나고 나니 옳은 선택이었음을 알게 되는 경우가 생기기도 한다.

투자에는 당장에 정답이 없다. 그럼 정답은 언제 알게 될까? 대부분 시간이 답을 말해준다. 시간이 흐른 뒤 그 사건을 돌이켜보면 그때 당시에는 좋지 않았던 일이 좋은 기회였음을 알게 되는 일이 많다.

예를 들면 2021년, 치솟는 집값을 지켜보다 상승 시기 가장 마지막에 내 집 마련을 한 사람들이 있다. 내 집 마련이 불가능할까봐 불안에 떨다가 상승 시기 마지막에 집을 산 사람들은 안도의 한숨을 내쉬었을지도 모른다.

그 이후 1~2년 만에 몇 억 원씩 하락한 집값을 보면서 그때 집을 산 것을 후회할지도 모른다. 이렇듯 최선이라고 생각했던 선택이지만 그 결과가 어떤 모습으로 나타날지는 우리는 알 수 없다.

우리의 인생은 매 순간이 선택이다. '오늘 점심은 뭘 먹을까? 퇴근 후에 뭘 할까? 주말에 뭘 하며 보낼까?'처럼 사소한 선택에서부터 결혼, 내 집 마련처럼 중대한 선택까지 수 많은 선택 앞에 놓여 있다.

인생의 모든 순간이 선택이라면, 우리는 선택을 현명하게 잘 하는 방법에 대해 배울 필요가 있다. 어떤 선택에 앞서 이 선택을 함으로 발생하는 최선, 최악의 상황을 모두 고려 해본다. 최선의 상황과 최악의 상황을 놓고 비교하면 상황 이 좀 더 객관적으로 보인다.

대부분의 사람들이 선택 앞에서, 최선의 상황만 기대하면 서 선택을 한다. 그리고 나서 최악의 상황이 발생하면 그제 서야 큰 충격을 받는다.

내 선택이 어떤 결과를 가져올지 당장은 누구도 알 수 없 다. 우리가 할 수 있는 일은, 지금 내 앞에 주어진 선택에 충 실히 하는 것, 그뿐이다.

그렇게 중요한 선택 앞에서 충분히 최선과 최악을 검토 한 뒤에 결정을 내려도 반드시 결과가 좋다고 보장할 수 없 다. 도리어 신중하게 내린 결론이 최악의 상황을 가져올 수 도 있다.

그렇다면 여러 상황과 현실들 앞에서 내가 할 수 있는 일은 무엇일까? 바꿀 수 없는 현실을 바꾸려고 노력하기보다 바꿀 수 있는 내 태도를 바꾸는 것이다. 이 상황에서 내가 할 수 있는 것이 무엇인지 파악하고, 최선을 다해서 내 선택을 옳은 선택으로 만드는 것이 인생을 충실하게 살아가는 방법이다. 투자에서도 이러한 태도는 성공과 실패를 가르기도 한다.

월급쟁이 직장인의
새로운 도전

_창업

사람과 사람 사이에도 인연이 있다고 믿는다. 은행을 찾은 고객들 중에 나에게 한 번이라도 왔다면 대부분 기억하려 한다. 한 번 마주친 것도 인연인데 두 번, 세 번 만난 인연들은 더욱 신기한 마음이 들어서 더 많은 이야기를 나누는 편이다.

작년 하반기에 신용대출을 알아보러 온 고객 30대 지민 씨가 있었다. 지민 씨의 대략적인 대출 한도를 말했고, 서류를 안내했으나 지민 씨는 막상 대출을 신청하지 않았다. 나는 지민 씨가 당장 돈이 필요하지 않은가보다 생각하고 마무리를 지었다.

두 달 뒤, 지민 씨는 다시 와서 나에게 이렇게 물었다.

"신용대출을 받고 난 뒤에 퇴사하면 어떻게 되나요?"

이런 경우, 1년 뒤 연장 시점에 재직, 소득, 부채 상황을 확인해서 일부 상환 후 연장하거나 전액 상환해야 할 수도 있다.

"네, 1년 만기 방식이 아닌 5년 만기로 매월 분할 상환하는 방법이 있어요."

이때도 지민 씨는 여러 질문만 하고, 대출을 신청하지 않았다.

시간이 흐르고 어느덧 해가 바뀐 어느 날이었다. 평소처럼 번호를 부르고 고객을 기다렸다. 얼굴을 보니 작년에 두 번이나 대출 상담 건으로 찾아왔던 고객, 지민 씨였다. 벌써 세 번째 인연이니 더 반갑고 신기했다.

지민 씨는 이번에는 예금담보대출을 문의했다.

"만기가 한 달 남은 예금이 있는데 이것을 해지하는 것과 예금을 담보로 대출을 받는 것 중 어떤 것이 유리한가요?"

"만기가 얼마 남지 않으셨으니 당연히 예금담보대출이 유리합니다."

"그러면 추가로 예금담보대출을 받고, 신용대출을 받으면 한도는 어떻게 되나요?"

지난번보다 더 구체적인 질문을 하길래 지민 씨에게 물었다.

"작년에도 오셨었는데 이제 진짜 자금이 필요해지셨어요?"

지민 씨는 내가 자신을 기억하고 있다는 사실에 놀라는 눈치였다. 지민 씨와 이런저런 이야기를 나누다 보니 그 사정을 알게 되었다. 지민 씨는 회사를 퇴직하고 커피 전문점을 창업하려는 계획을 세우고 있었다.

"사실 지금 직장에서 프랜차이즈 분석하는 일을 하고 있어요. 그러면서 커피 전문점에 관심이 생겼어요. 이젠 퇴사하고 직접 프랜차이즈를 운영해볼까 생각이 들어서 상가를 계약해두었어요."

　지민 씨는 직장에서 일하면서 카페 창업에 관심이 생겼고 이제 직접 실행하기 위한 단계에 다다른 것이었다. 지민 씨의 눈에서 '도전'이라는 단어를 읽었다. 나에게 비록 "잘 다니던 직장 때려치우고 뭐하는지 모르겠어요"라고 멋쩍게 말했지만 내 눈에는 자신만의 길을 찾아나가는 용기 있는 모습이 보였다. 지민 씨의 얼굴에는 새로운 시작에 대한 약간의 두려움과 커다란 설렘 역시 가득 차 보였다.

현실을 바꾸는
유일한 방법은 도전

　　문득 영화 〈슈퍼마리오〉 속 대사가 떠올랐다. 마리오의 아버지는 직장을 그만두고 자신의 사업을 시작한 마리오에게 이렇게 이야기한다.

　"넌 정신 나간 놈이야! 안정적인 직장 때려치고 네 동생까지 굶어 죽게 만들어?"

마리오에게 다들 부정적인 이야기만 했다. 하지만 마리오는 끝까지 포기하지 않고 자신의 꿈을 향해 나아갔다. 그러다 결국 도시를 구한 영웅이 된다.

우리는 대부분 성적에 맞춰, 부모님의 기준에 맞춰, 사회가 정한 틀에 맞춰 대학을 가고 취업을 하고 사회생활을 시작한다. 정신없이 내달리다 보면 나이가 마흔, 쉰 살이 되어서도 내가 진짜 하고 싶은 것이 무엇인지 몰라서 방황하는 사람들도 본다. 아니, 누군가의 이야기가 아니라 바로 내 이야기이다.

나는 외국어를 전공했지만, 대학교 4학년 때 가장 빨리 합격한 회사인 은행에 취업을 했다. 마음 한켠, 대학 시절 내가 조금만 더 나의 목소리에 귀를 기울였다면 하는 아쉬움이 남았다. 세월이 흘러 아쉬움은 뒤로 미뤄두고, 이제는 애를 써서 내가 원하는 것이 무엇인지 찾고 있다. 누가 시키지 않아도 새벽에 일어나서, 글을 쓴다. 내가 진짜 원하는 일이 무엇인지 알기 위해서 말이다.

《왓칭》에서 나온 구절이다.

대부분 사람들이 목표 없이 지내곤 합니다. 어떤 분들은 목표를 정해놓지만 실행하지 못하곤 합니다. 목표를 정해놓고 실행하지 못하는 이유는 실행 과정을 구체적으로 미리 그려 넣지 않기 때문입니다. 언제, 어디서, 어떻게 실행할 것인지를 구체적으로 바라보면 그대로 일어납니다.

지금 현실이 불만족스럽다면, 바꾸기 위한 노력을 하면 좋겠다. 거창한 노력이 아닌 지금 상황에서 당장 할 수 있는 작은 노력 말이다. 만약 무언가 하고 싶은 일이 있다면 그 일이 잘 안 되었을 때의 리스크를 충분히 따져본 뒤, 그것이 감당 가능한 리스크라면 한번쯤은 나를 믿고 도전해보면 어떨까.

나 역시 현실에 만족하지 못하는 때가 있었다. 회사가 아니면 내가 돈을 벌 수 있을지, 회사원이 아닌 나는 누구인지 내 안에서 질문이 쏟아졌다. 그 답을 찾기 위해 내가 잘할 수 있는 것을 고민했다. 나는 글쓰기를 좋아하고, 누군가를 돕는 일을 좋아했다. 그 두 가지를 접목해 글로서 누군가에게 도움을 줄 방법을 고민해보았다.

나는 즉각 재능판매 플랫폼에 자기소개서 첨삭을 시작했다. 투자금이 하나도 들지 않는 위험이 없는 부업이었다. 첫 구매 고객이 나의 서비스에 만족해서 후기를 남기고, 그 후기를 본 다른 고객이 구매를 하기 시작하면서 꽤나 즐거운 경험을 쌓았다.

　이 경험으로 번 것은 돈이 아니라 자신감이었다. 회사가 아니어도 돈을 벌 수 있다는 자신감, 회사 밖에서도 나의 재능을 발휘할 수 있다는 자신에 대한 확신이었다. 회사에서 버는 몇 백만 원보다 더 큰 가치였다.

　해보지 않은 일은 막막하기만 하다. 그럴 때마다 '도전에 앞서서 일단 해!'라는 주문을 나에게 외운다. 일단 해보면 알게 되고, 배우게 된다. 하다 보면 실력이 쌓인다. 그렇게 쌓인 실력은 나의 자산이 된다.

　직장인은 무언가를 시도하기 가장 좋은 위치에 있다. 오직 나의 여가시간 하루에 1-2시간만 투입해도 많은 일을 해낸다. '시간이 없어서', '직장 일이 힘들어서'라고 많은 사람들이 말한다. 하지만, 퇴사 후 시간이 많아진다고 그 넘치는 시간을 잘 활용할 수 있는 사람은 몇 명이나 될까? 오히려

제 시간에 출근해야 하는 규칙 안에서도 충분히 자유를 찾을 수 있다.

그러니 일단 시도해보자. 시도할 때는 작은 목표를 세우는 것이 좋다. '하루에 글 하나씩 발행하기', '하루에 책 한 쪽씩 읽기'와 같은 거창하지 않은 나만의 목표는 꾸준히 해나갈 수 있는 힘이 된다.

성공하는 사람과 그렇지 못한 사람의 차이는 사소한 것에서 온다. '목표'와 '실행' 단순한 두 가지만 실천해도 우리 인생은 획기적으로 달라질 것이다.

80대 어르신이
말하는 집의 의미

_역모기지론

80세가 가까운 어르신이 내가 일하는 대출 창구를 방문했다. 혼자 온 줄 알았으나 누군가 뒤따라온다. 딸로 보였다. 대출 창구에 연세가 지긋한 어른신이 방문하는 일은 많지 않다. 호번(대기하고 있는 고객의 번호를 부르는 일)을 했고 내 앞에 모녀가 앉았다.

어르신은 '역모기지론'을 신청했다. 연세가 많아서 글씨조차 쓰기 힘들어 보였지만, 어렵게 수십 장의 서류에 서명을 했고 나는 대출을 실행했다. 어르신은 신청 서류를 다 쓰곤 들릴듯 말듯 혼잣말을 했다.

"자식에게 손 벌리기 싫어서 이렇게 하네요."

아마 마땅한 수입이 없던 어르신에게는 마지막 자산이 주택이었으리라. 그 주택을 담보로 살아 있는 동안 매월 연금을 받아 생활비로 쓰려는 모양이었다.

은행에서 근무하다 보면 여러 연령대 사람을 만난다. 이렇게 노년의 어르신을 보면 노년을 생각하게 된다. 특히 집이란 자산으로 노년을 충당하는 모습은 나를 깊은 생각에 빠지게 했다.

나를 평생 책임지는
역모기지론

집은 어떤 의미일까? 집은 모두에게 나름의 의미로 중요하다. 집은 인간이 살아가는 데 기본적으로 필요한 의식주 중 하나이다. 누군가에게는 안식처, 누군가에게는 재테크의 수단이 되기도 한다. 내가 금융권에서 근무하면서 배운 집의 의미는 하나 더 있다. 바로, 노후를 대비하는 방법이라는 사실이다.

집으로 노후를 대비하는 방법 중에 하나는 역모기지론이다. '모기지'는 주택담보대출을 말한다. 모기지는 주택구입이 목적이며 매월 원금과 이자를 갚아나간다. 반면 '역모기지론'은 내가 가진 주택을 담보로 연금을 지급받는 제도이다. 역모기지론은 주택을 담보로 한 장기대출로 고령자의 생계비 조달이 목적이다.

한국주택금융공사에서 취급하는 역모기지론을 받으려면 주택 가격은 12억 원 이하이어야 한다. 주택 수도 부부가 합산해서 1주택이어야 한다. 부부 중 한 명이 55세 이상일 경우 역모기지론을 신청할 수 있다.

집은 생각보다 여러 의미를 갖는다. 집은 우리가 젊었을 때 안식처가 되었다가, 이처럼 은퇴 후에는 끊긴 수입을 책임져주는 수단이 된다. 나 역시 노후를 걱정하다가 재테크를 시작했다. 직장생활을 하는 동안에는 월급이 나오지만 퇴사하면 현금이 뚝 끊기게 되기 때문이다. 우리에게는 숨만 쉬어도 돈이 나가는 매월 내야 하는 각종 공과금, 생활비라는 고정비가 존재한다.

노후, 노년 생활을 떠올리면 어떤 생각이 드는가? 풍요롭고 건강하게 노후 라이프를 즐기는 것? 또는 소득 없어 매월 생활비를 걱정해야 하는 것? 아마 대부분의 사람들은 월급 없이 살아가야 하는 일상을 떠올릴 것이다. 누구에게나 노후는 찾아오며 노후에 어떤 생활을 즐기게 될지는 젊었을 때 얼마만큼 준비를 했느냐에 의해 결정될 터이다.

보통의 회사원이라면 평생을 회사에서 일한다고 해도 일상생활을 하는데 문제가 되지 않을 정도의 노후 준비를 하는 일이 쉽지 않다. 남부러운 노후를 설계하는 일은 더더욱 힘들다. 젊었을 때는 소득이 적어서 쉽지 않고, 연차가 차서 소득이 많아졌을 때는 가족을 부양하는 시기라 노후를 생각할 겨를이 없다. 이 사실을 대기업에서 30년 이상 근무하고 은퇴한 아버지를 보며 알게 되었다.

나는 대기업에 근무하셨던 아버지 덕분에 어려움 없이 자랐다. 호화롭게는 아니었지만 남들이 하는 것은 다 했다. 아버지의 노후 준비와 내 욕망을 맞바꿨단 사실을 그때는 몰랐다. 내가 아버지 나이가 되어 생계를 책임지는 입장이 되고 나서야 알았다. 가족의 생계를 책임지는 무게는 생각보다 많이 무겁다.

부모가 되어 두 아이를 키우면서 아이들이 원하는 것은 부족함 없이 해주고 싶었다. 그러다 외벌이의 가장으로 살아가며 가족의 생계를 책임졌던 아버지의 무게를 생생하게 느꼈다. 아버지에게 힘들고 어려운 일을 겪어도 버틸 수 있던 원동력은 단연 가족이었을 것이다. 한 직장에서 30년을 근무한다는 것 또한 충분히 존경할 만한 일이었다.

내 집 마련의
이유

은행에서 근무하면서 역모기지론으로 생활하는 어르신들을 보며 다짐한 사실이 있다. 나에게 집 한 채는 반드시 필요하다는 사실이다. '집값이 너무 비싸서 살 수 없다', '집으로 투자하는 것은 투기꾼이다'라는 부정적인 이야기보다 당장 살 집 그리고 노후까지 책임져주는 집을 사지 않을 이유가 없었다.

집값은 50년 전에도 비쌌다. 지금 들으면 터무니없이 싸게 느껴지는 금액이다. 강남 아파트가 5,000만 원이던 시절이 있었으니까. 그때의 5,000만 원은 엄청나게 비싼 돈이었을 것이다. 집값은 늘 비쌌다. 비싸다고 포기하는 사람과 비싸지만 방법을 찾는 사람의 격차는 갈수록 벌어진다.

집은 젊었을 때는 안락한 보금자리가 되고, 노년에는 노후생활을 준비할 수 있도록 도와주는 수단이다. 재테크의 수단으로뿐만 아니라 노후 준비의 수단으로 내 집 마련에 소홀해서는 안 되는 이유이다.

역모기지론은 부부합산 1주택자만 받을 수 있기에 다주택을 소유한 사람들은 역모기지를 선택할 수 없다. 나 역시 다주택자이기에 역모기지론 대신, 개인적으로 주택 연금을 준비했다. 목돈을 차곡차곡 모아서 어느 정도 쌓이면 그 돈으로 주택을 매수했다. 만약 소득이 없는 시기가 오면, 주택을 하나씩 매도하여 그 목돈을 생활비로 활용할 수 있다. 이렇게 생각하면 단기적인 주택 가격은 큰 영향을 미치지 않는다.

인플레이션과 자산 가격은 장기적으로 우상향한다. 이 두 가지 사실은 진리이다. 강남의 집값이 5,000만 원인 시절이 있었듯, 30년 뒤에 지금의 집값을 돌이켜보면 분명 그리운 순간일 것이다.

집은 내가 살아가는 곳이기도 하지만, 내가 살아갈 수 있게 나에게 돈을 주는 수단이다. 다주택자가 아니어도 최소한 내가 사는 주택 한 채만큼은 나를 위해, 그리고 나의 가족을 위해 준비해야 하는 이유다.

2장

돈 때문에
울지 않으려면

_ 잘못된 투자에서 배울 것

부채가 과다한
30대의 사연

_대출

어느 날, 30대 남성 준호 씨가 방문했다. 거주하고 있는 아파트 담보로 대출을 신청하러 온 것이었다.

담보물을 확인하기 위해 준호 씨에게 아파트 이름과 평수를 물었다. 준호 씨가 말한 아파트 명을 전산에 입력하고 KB시세를 검색했다. 그 아파트는 동네에서 손에 꼽을 만큼 살기 좋고, 그만큼 비싼 아파트였다. 좋은 아파트에서 살고 있음에도, 준호 씨에게는 제2금융권 부채가 과다했다. 대출을 신청하게 된 연유를 물으니 '제2금융권 부채를 갚기 위해서'라고 답했다. 어쩌다가 다수의 제2금융권 대출을 받았는지 물을 순 없었지만, 표정과 말투에서 깊은 사정이 있음을 짐작할 수 있었다.

살고 있는 집을 담보로 대출을 받기 위해서는 등본상의 세대원 모두에게 동의가 필요하다. 준호 씨의 등본상에는 배우자와 배우자 부모까지 함께 등재되어 있었다. 세대원 동의서 제출을 위해 동의 절차를 안내했다. 하지만 준호 씨는 2주가 지나도 소식이 없었다. 전화를 하니, 가족의 동의를 받기가 쉽지 않다는 대답이 돌아왔다. 결국 대출 신청은 취소되었다.

대출 아파트 vs
현금 빌라

살고 있는 지역에서 가장 좋은 아파트에 거주하지만, 제2금융권 부채가 과다한 사례를 보며 우리는 부동산과 자산이 꼭 부를 말해주지 않음을 알 수 있다. 좋은 아파트에 살지만 빚이 대부분이라면 부자라고 말할 수 있을까?

언젠가 4억 원을 예금하면 금리가 몇 퍼센트냐고 묻는 고객이 있었다. 그 당시 코로나19 시기였고 저금리인 시절이었기에, 1년 정기예금 금리 1퍼센트로 안내했다. 그 고객이 4억 원을 실제로 예금을 하러 왔을 때 자택 주소를 조사하기 위해 보니, 거주하는 곳이 고가의 집이 아니었다. 동네에서 가장 비싼 아파트가 아닌 적당한 가격의 빌라였다. 4억 원이 있는 현금 부자이지만, 검소한 집에 살았던 것이다.

자산이 많아질수록 더 좋은 집, 더 좋은 차를 타고자 하는 욕망은 당연하다. 하지만 보이는 것이 전부는 아니다. 누군가는 현금 흐름이 부족하여 제2금융권 대출까지 쓰면서 비싼 집에 거주하고, 누군가는 현금이 충분함에도 빌라에 거주한다.

부동산과 현금 흐름은 엄연히 다른 것이며, 부자는 부동산과 현금 흐름을 둘 다 갖춘 사람이다. 부동산만 많이 가지고 있다고 부자가 아니다. 부동산 없이 현금 흐름만 갖고 있는 것도 불완전하다. 결국 충분한 현금 흐름과 부동산을 동시에 갖추는 것만이 안정적으로 부를 쌓는 길이다.

척이 아니라
진짜 부자가 될 것

어떤 사람은 좋은 동네에 사는 사람은 부자이고, 상대적으로 덜 좋은 동네에 사는 사람은 가난하다고 생각할지도 모른다. 하지만 나는 은행에서 여러 사람을 만나고 난 뒤 '내가 사는 곳이 반드시 나를 결정짓는 것은 아니다'라는 사실을 알았다.

부자 동네에서도 가난하게 살아가는 사람이 있고, 그 반대의 경우도 있다. 좋은 동네에 사는 사람은 부자일 것이라고 생각한다면 편견이다. 부자처럼 보이는 것이 중요한 것이 아니라, 진짜 부자가 되는 것이 중요하다.

워런 버핏은 60년째 같은 집에 거주한다고 한다. 세계에서 손꼽힐 만한 부자인 그가 같은 집에 사는 이유는 도대체 무엇일까?

어떤 사람은 종종 겉모습만으로 상대를 판단하곤 한다. 상대가 사는 집, 상대가 타는 차, 보이는 것이 전부라고 믿는다. 부자가 되면 차, 옷, 집을 바꾸는 것이 당연하다고 생각하지만 반드시 그렇지만은 않다. 갑자기 많은 돈이 생겨도 자신의 주변 환경을 바꾸지 않는 사람이 있다. 그에게 더 중요한 가치는 다른 데 있기 때문이다.

내가 사는 곳은 그저 '사는 곳'일 뿐 '나'라는 존재를 규정지을 수 없다. 진짜 부자는 애써 과시하지 않는다. 남에게 자랑하지도 않는다. 진짜 부자는 이런 태도를 가진 사람들이다.

부자로 보이려고 애쓰기보다 '진짜 부자가 되는 것'에 집중하기를 권한다. 돈을 꽁꽁 싸매기만 하지 말고 주변을 돌아보고, 기부도 할 줄 아는 돈을 가치 있게 쓰는 사람이 진짜 부자다.

5급 공무원의
잘못된 레버리지

_신용과 담보

은행의 이익 구조 중 하나는 사람들에게 돈을 빌려주고 이자를 받아 수익을 내는 것이다. 바로, 대출이다. 대출은 크게 두 종류로 나뉘는데 하나는 '신용', 하나는 '담보'다.

신용은 아무런 담보 없이 나라는 사람의 직업, 소득, 신용등급을 고려해서 돈을 빌려주는 제도다. 그래서 신용대출을 받을 때는 내가 다니는 회사가 어딘지가 중요하다.

담보대출은 소유한 부동산, 동산, 보증서 등을 담보로 돈을 빌려주는 제도다. 은행에서 채무자가 대출을 갚지 못했

　　　　　　　　　　　　매일 돈 버는 사람들

을 경우 채권 회수가 쉬운 쪽은 당연히 담보대출이다. 담보를 매각하여 얻은 금액으로 채무자의 대출을 상환하면 되기 때문이다.

신용대출은 다르다. 신용대출은 차주의 현재 직장과 연봉을 본다. 일시상환 대출은 보통 1년이 만기인데, 최장 10년까지 연장이 가능하다. 1년 만기가 되는 시점에 다시 신용점수, 직장 상황 등을 재심사한다. 대출을 받은 시점에는 직장에 다녔으나 퇴사하는 경우도 생기고, 그 사이 부채가 과다하게 늘어나서 갚지 못하는 경우도 발생한다.

기한이익 상실이
생긴 이유

2020년 코로나19 이후로, 한때 '제로 금리'였다. 초저금리 시대가 도래했을 때 돈이 필요한지 여부를 떠나서 사람들은 일단 대출을 받아놓고 보자는 생각이 팽배했다. 너나 나나 대출을 받아서 주식, 부동산에 투자했다. 이때 대출을 활용하지 않는 사람은 시대에 뒤떨어진 사람이 되곤 했다. 저금리가 부풀린 자산 가치 상승은 누구나 할 것 없이 사람들을 모두 부자로 만들어줬다. 실제 쥐어지지도 않은 현금인데 진짜 내 돈인 듯 느끼며 다들 부자가 된 착각을 했다.

그리고 딱 2년 만에 금리는 다시 점진적으로 상승하기 시작했다. 그리고 2년 6개월이 되자 기준금리만 세 배가 올랐다. 여기저기서 곡소리가 났다. 금리가 오르면 이자만 문제가 되지 않는다. 그동안 부동산, 주식, 가상화폐 등 다른 쪽으로 몰렸던 자산들이 다시 은행으로 회귀한다. 그러면서 자산 가격들이 일제히 하락한다.

고금리 대출 이자와 자산가치 하락이라는 이중고는 많은 사람들이 겪던 문제였다. 자산 가격이 오를 때는 대출 이자를 기꺼이 감당했지만 반대의 상황에서는 대출 이자가 버겁게만 느껴진다.

은행에서는 대출을 갚지 못하는 사람들에게 '기한이익 상실'이라는 통지서를 발송한다. '기한이익'은 대출을 받음으로서 채무자가 누리는 이익을 말한다. '기한이익 상실'은 채무자의 이익이 상실되었다는 것, 즉 채무자의 이자 상환이

매일 돈 버는 사람들

라는 의무를 다하지 않았기 때문에 그 관계를 종료하겠다고 통지하는 것이다. 기한이익 상실을 통지하고, 남아 있는 예금은 대출을 갚는 데 쓴다. 은행에서는 이를 '예대상계'라고 부른다.

내가 보냈던 기한이익 상실 통지 중 기억에 남는 사람이 있다. 수취 주소는 직장 주소였다. 수취인은 40대 5급 공무원 민석 씨였다. 안정적인 직업의 공무원이 왜 빚을 졌는지 궁금했다. 어쩌다 빚을 갚지 못해 여러 곳에서 통장 압류를 했는지도 의문이었다.

보통 이런 경우 투자를 했거나, 도박을 했거나, 사치를 한 사례가 많다. 하지만 시기상 가장 높은 확률은 투자였을 것이다. 투자로 성공을 했거나 수익을 봤다면 파산할 일이 없었을 텐데 아마도 투자가 실패했던 듯 보였다.

옛 어른들은 '빚지면 큰일 난다'고 말했다. 누군가에게 빌리는 돈의 무서움을 알아야 한다는 뜻이었다. 빚은 요즘 '레버리지'가 되기도 하지만 여전히 조심스러운 부분이다. 레버리지를 활용하지 않는 사람들은 시대에 뒤떨어지는 어리석은 사람으로 보이기까지 한다. 하지만 은행에서 근무해보면, 은행에서 빌리는 돈을 너무 쉽게 생각하는 사람들이 있다. 심지어 대출받은 돈이 원래 내 돈이었던 듯이 착각하는 사람도 봤다.

빚으로만 쌓아 올린 자산은 무너지기 쉽다. 무너질 땐 두 배로 무너진다. 저금리가 오면 다시 고금리가 오고 고금리가 가면 저금리가 온다. 신용사회에서는 대출을 현명하게 활용하고 잘 갚는 최선의 방법은 신용을 지키는 일이다. 엄연한 남의 돈으로 신용을 지키지 않으면 그다음 레버리지 역시 없다.

인간은 언제나
실수를 반복한다

《돈, 뜨겁게 사랑하고 차갑게 다루어라》에는 '투자에서 손실과 수익은 분리할 수 없는 동전의 앞뒤와 같다'라고 말한다. 주식, 부동산, 코인 등 모든 투자에서 플러스 또는 마이너스의 결과가 나온다.

플러스 되는 결과를 기대하고 투자하지만, 투자 시장에서

매일 돈 버는 사람들

플러스를 보는 경우는 사실 소수이다. 하지만 《돈, 뜨겁게 사랑하고 차갑게 다루어라》에서는 주식 거래에서의 손실은 장기적으로 충분히 상쇄될 것이므로 결국 수익으로 본다고 말한다. 다만, 손실의 원인을 제대로 분석하고 연구했을 때에만 국한함에 유의한다.

그렇다. 투자가 성공이냐 실패냐도 중요하지만 그보다 더 중요한 사실이 있다. 실패를 했다면, 반드시 결과에 대한 분석이 필요하다는 점이다. 덮어두거나 외면하지 말고 실패한 이유를 처절하게 분석해야 한다.

인간은 언제나 같은 실수를 반복한다. 내가 한 투자가 성공했다면 과연 나의 실력이었는지, 시장 상황 덕분이었는지는 시간이 흐른 뒤에 알게 된다. 대부분의 성공은 시장 상황 덕분이다. 즉, '운'이라는 요소가 작용하는 것이다. 하지만 많은 사람들이 호시절의 자산 가격 상승을 자신의 실력 덕분이라 착각한다. 그래서 무리한 투자를 진행하고 더 큰 실패를 마주한다.

많은 초보 투자자들이 실패를 복기하지 않는다. 복기할수록 아프기 때문이다. 하지만 더 깊이 파고들어서 왜 그런 결정을 내렸고, 왜 이런 상황에 마주하게 되었는지 되짚을 필요가 있다. 특히 무리한 투자로 대출을 많이 받아서 파산을 하게 된 경우라면 이런 질문을 해보자.

'과연, 투자하면서 나 자신의 탐욕을 잘 다스렸는가?'

자산 가격이 오르고 내리는 일은 나의 의지대로 되지 않는다. 금리에 의해서, 시장에 의해서 자산 가격은 갑자기 오르기도 하고, 갑자기 하락하기도 한다. 국내외 시장 정세를 잘 살펴야 하는 것도 맞지만, 무엇보다 흔들리지 않는 투자 마인드가 중요하다. 불확실한 시대에 우리가 할 수 있는 일은 나 자신에게 집중하면서 꾸준히 자산 가격의 흐름을 살피는 기본기다.

진짜 부자의
정의를 생각하라

부자가 되고 싶은 사람들이 이것만은 염두에 두자. 바로, 자신이 생각하는 부자란 어떤 사람인지 정의를

매일 돈 버는 사람들

내리는 것이다. 누군가는 한 달에 1,000만 원씩 벌면 부자라고 생각하고, 누군가는 일하지 않고 살면 부자라고 생각한다. 누군가는 자산 100억 원이 있다면 부자라고 생각할 수도 있다. 사람마다 각자 부자라고 생각하는 기준이 다르다. 사소한 듯 보이지만 이 기준을 정하는 사람과 그렇지 않는 사람의 차이는 크다.

부자의 기준을 정하지 않는다면 끝이 보이지 않는 경주를 달리는 말과 다를 바가 없다. 잠도 자지 않고, 주변을 돌아보지도 않은 채 열심히 달렸는데도 결승점이 보이지 않는다. 현실적으로 나에게 어느 정도 자산이 필요하고, 어느 정도가 있어야 내가 생각하는 부자의 기준에 속하는지 깊게 생각부터 해야 한다.

그 과정을 거치면 알게 될 것이다. 비로소 몇 백억 원 자산을 일군 부자가 된다고 행복한 것이 아니라, 그 과정에 진짜 행복이 있다는 사실을 말이다. 부에 대해 공부하고, 부자가 되기 위해 노력해왔던 시간들이 비로소 나를 '진짜 부자'로 만들어준다.

자식의 돈줄이었던
부모의 무게

_담보대출

자본주의 사회에서 자산이 주는 의미는 위기에서 나를 지켜주는 든든한 방패와 같다. 내가 소유한 자산은 개인 금고가 되어 준다. 보유한 자산을 담보로 대출을 받아 이용할 수도 있고, 자산을 매도해서 수익을 현금화할 수도 있다. 내가 보유한 자산은 돈이라는 의미를 넘어 자산, 은행, 담보로서 여러 의미를 지닌다.

그중 대출은 무척 중요하다. 은행에서 대출을 내줄 때는 고객의 자금 용도를 확인한다. 즉, 은행에서 취급하는 대출은 기본적으로 자금의 용도에 부합한 대출을 전제한다. 앞서 말했듯 개인대출은 담보대출, 신용대출로 크게 나눌 수 있다. 더해서 전세대출도 있다. 앞에서 신용대출에 대해 이야기했으니, 여기서는 '담보대출'을 이야기를 하고자 한다.

담보대출은 크게 두 가지로 나뉜다. 구입자금과 생활안정자금이다. 구입자금은 부동산을 구입할 때 사용하는 자금으로 쓰는 용도이다. 소유권 이전 3개월 이내의 대출을 구입자금이라고 말한다. 그 외의 모든 대출은 생활안정자금 대출이 된다.

대출의
씁쓸한 이면

어느 날 60대 진희 씨 부부가 찾아왔다. 진희 씨 부부는 담보대출을 받고 싶다고 했다.

"집을 사시는 것인가요?"

"아니요. 지금 살고 있는 명의 집을 담보로 대출을 받고 싶어요."

진희 씨 부부는 구입자금이 아닌, 생활안정자금을 신청한 것이었다.

대출을 진행하다 보면 누군가의 속사정을 듣게 된다. 소득을 확인하는 과정에서 진희 씨 남편은 버스 기사이고, 진희 씨는 전업주부라는 사실을 알게 되었다. 남편은 평생 성실하게 버스 기사로 근무하였고, 진희 씨는 주부로서 한 집안의 살림을 도맡아 하였다.

대출을 심사할 때는 차주의 소득을 확인해야 한다. 개인대출은 소득에 따라 한도가 달라지기 때문이다. 담보대출을 진행할 때는 소득도 중요하지만, 소득만큼 보유하고 있는 '부동산'을 중요하게 본다. 보유한 부동산이 아파트인지, 상가인지, 오피스텔인지에 따라 한도가 달라진다. 또한 주택 수에 따라 대출 한도가 달라지기도 한다.

두 사람의 이야기를 들어보니, 부부는 주요 입지에 아파트 한 채와 입주권을 보유하고 있었다. 내가 은행에서 만난 사람들 대부분은 살고 있는 집 한 채가 전부였다. 그러나 진희 씨 부부는 살고 있는 집 외에 자산이 있었고, 재테크에 관심이 많은 사람들이었다.

"대출 심사에 필요해서 여쭈어요. 어떤 자금으로 사용하실 것인가요?"

"빚도 갚고, 생활비로도 사용하려고 해요."

진희 씨 부부가 신청한 대출 금액은 1억 8,000만 원이었다. 빚을 갚고 생활비로 사용하기에는 큰돈이었다. 대출이 전혀 없었던 고객이었는데 갑자기 대출을 받는 다른 이유가 있음이 분명했다.

대출이 실행되는 날, 진희 씨 부부가 은행에 찾아왔다. 통장에 입금된 대출금 1억 8,000만 원 중 일부를 자녀에게 송금한다고 했다. 총 8,000만 원의 금액이었다. 그런데 특이한 점은 다섯 개 은행에 나눠서 송금하려는 점이었다. 혹시 보이스피싱은 아닌지 의심스러웠다. 여러 은행으로 나누어 돈을 보내는 것이 미심쩍었다. 거액 인출에 따른 금융사기 문진표를 작성을 요청했다.

보이스피싱이 아닌지 묻는 나의 질문에 진희 씨는 씁쓸한 표정을 내비치면서 무거운 입을 뗐다.

"아들 하나 잘 돼서 이렇게 빚 갚아주네요."

내막을 들어보니 진희 씨 부부에게는 아들이 하나 있었

다. 성인이 된 아들은 취업을 하지 못했다. 더군다나 사치가 심해 여러 카드사의 카드론을 쓰기 시작했고, 한번 쓰기 시작한 대출은 걷잡을 수 없이 늘어나서 결국 부모에게 손을 빌린 것이었다. 부모의 입장으로서 자식이 신용불량자가 되는 일은 두고 볼 수 없었기에 보유한 부동산을 담보로 대출을 받아 아들의 빚을 청산한 것이었다.

부모가 재테크를 잘한다고 해서 자녀가 그 모습을 그대로 배우며 크는 것만은 아니다. 부모가 재테크를 못하는 집안에서 태어나면 결핍을 성장의 동력으로 삼아 자수성가 하는 사람들도 많다.

진희 씨 부부는 부자는 아니었지만 먹고사는 걱정 없는 여유로운 집이었다. 하지만 자녀는 그렇지 못했다. 자녀는 부모의 경제관념을 배우지 못했다. 그래서 많은 빚을 지게 되었고 결국 부모에게 손을 빌렸다. 성인이 되도록 자신을 책임지지 못하는 자식을 둔 부모의 얼굴은 어두웠다. 그럼에도 자녀의 대출을 갚아줄 수 있는 자산을 두어서 그나마 다행이라고 씁쓸하게 말했다.

매일 돈 버는 사람들

나와 가족을 지켜주는
자산의 힘

진희 씨 부부는 나와 상담을 마치고, 대출금의 일부는 대출을 갚고 일부는 가지고 있던 입주권의 중도금 납부에 대비해 예금으로 운용하기로 했다.

'입주권'이란 말 그대로 어딘가에 입주할 수 있는 권리를 말한다. 즉, 어떠한 부동산에 입주자로 선정된 지위를 말하는 것이다. 신축 아파트에 입주하기 위해서는 5, 6차례에 걸친 중도금을 납부해야 한다. 중도금 납부 시기에 맞춰 4개월 7개월 1년 만기를 분할해서 가입함으로서 해지하더라도 약정된 이자를 받을 수 있도록 안내했다. 남는 자금 2,000만 원은 6퍼센트에 가까운 ISA(개인종합자산관리계좌) 정기예금으로 가입을 도왔다(2022년 기준).

진희 씨 부부를 보며 느낀 점이 있다.

'자산은 나를 부자로 만들어준다. 그리고 어떤 시기에는 나와 내 가족을 지켜주는 수단이 되기도 한다.'

우리가 자본주의 사회에서 자산을 넉넉하게 보유해야 하는 이유이다.

다 큰 자식을 내 마음대로 좌지우지할 수 없듯, 자산의 가격 역시 내 뜻대로 되지 않는다. 자산은 장기적으로 우상향하지만 그 곡선이 절대 평탄하지 않다. 수많은 굴곡과 험난한 과정을 거쳐야 비로소 자산 상승의 결실을 맺을 수 있게 된다. 그러니 근로소득을 자산으로 바꾸는 과정에 하루라도 빨리 눈을 떠야 한다. 그래야 나 스스로를, 내 자식을 지켜줄 수 있는 방패가 된다.

대신 빠르게 부자가 되는 길은 없다. 자산은 시간을 먹고 자란다. 그러니 기다리자. 우량 자산을 우직하게 장기적으로 보유했다면 결국 우리는 부자가 될 것이다.

대학 부교수가
놓쳤던 투자

_갭투자

세계에는 없는 우리나라에만 있는 유일한 제도가 있다. 바로 '전세'다. 집을 빌리는 사람은 집 주인에게 돈을 맡기고 집을 2년 동안 사용한다. 집 주인은 임차인의 전세보증금을 받고 집을 2년 동안 빌려준다.

집 주인은 임차인의 보증금으로 2년 동안 예금을 하기도 하고, 어딘가에 투자를 하기도 한다. 사회가 정해놓은 전세라는 제도 아래 집을 빌려주는 사람과 빌리는 사람의 거래가 성사된다. 전세 제도 덕분에 부동산 투자가 더욱 활성화된다.

사회초년생 때는 부동산은 큰돈이 필요하다고 생각해서 부동산 투자는 꿈도 못 꿨다. 그런데 재테크를 공부하고 알게 되었다. 부동산은 생각보다 큰돈이 필요하지 않다는 사실을 말이다.

이전에는 3억 원짜리 집을 사기 위해서 필요한 돈은 3억 원인 줄 알았다. 하지만 우리라는 전세 제도 덕분에 3억 원이 모두 필요하지 않다. 3억 원짜리 집을 사는 데 필요한 돈은 현금 보유액보다 전세가율에 달려 있다.

전세가율 전략이
필요하다

매매값 대비 전세값의 비율을 '전세가율'이라고 말한다. 예를 들어, 매매가가 3억 원인 아파트에 임차인이 2억 원의 전세로 살고 있다. 이 집을 사려면 얼마의 돈이 필요할까? 이 집을 사기 위해서는 1억 원이 있으면 된다(취득세, 등기이전 비용은 별도). 내 돈 1억 원과 전세금 2억 원을 합하면 3억 원이 된다. 즉, 내 돈 1억 원을 가지고 집 한 채를 소유할 수 있다.

　임차인의 보증금은 엄밀히 말하면 다시 돌려줘야 할 부채다. 다만 이자가 0원인 부채이다. 이런 투자를 '전세 레버리지 투자', '갭투자'라고 부른다. 레버리지 투자 덕분에 임차인의 돈을 레버리지하여 부자가 되는 사람들이 있다.

　반대로 누군가는 가난해지기도 한다. 다만, 임차인의 보증금은 돌려줘야 하는 부채이며, 2년 뒤의 전세값은 오를 수도 있고, 내릴 수도 있다는 사실을 반드시 기억해야 한다.

　어떤 투자든 최악의 상황을 고려해야 한다. 자산을 매수하는 사람은 자산이 오를 거라 생각하기 때문에 매수한다. 하지만 자산의 가격은 늘 오르지만은 않는다. 상승과 하락을 반복하고 2년 뒤 어떤 상황이 올지는 누구도 예측하기 어렵다. 즉, 최선의 상황을 꿈꾸되 최악의 상황에 대비를 해두어야 오래 투자를 이어나갈 수 있다.

　전세로 거주하는 사람들 중에는 전세대출을 활용하는 사람이 있다. 전세대출은 은행에서 전세보증금의 일부를 빌리는 것이다. 일반적으로 보증금의 최대 80퍼센트를 빌릴 수 있다.

이때 임차인은 은행에서 돈을 빌린 대가로 이자를 부담한다. 이 이자는 기준금리와 가산금리로 이루어진다. 기준금리는 고시되는 금리이며 가산금리는 은행에서 정한 금리다. 그리고 금리는 돈을 맡기는 사람에게나, 빌리는 사람에게나 최대의 관심사가 된다.

대출 업무를 담당하면 금리에 더 민감해지게 된다. 대출 이자가 급격히 오르는 시기에는 많은 민원을 받는다. 기준금리가 오르면 가산금리도 오르게 되는데 대출을 활용하는 사람들의 부담이 급격히 커지기 때문이다. 금리가 오르는 시기에 반대로 웃는 사람도 있다. 바로 예금을 예치하는 사람이다. 자본주의는 두 얼굴이다. 금리가 오르는 상황에 누군가를 웃게 하고, 누군가를 울게 만든다.

돈을 터부시하면
벌어지는 일

2022년 여름 어느 날, 전세대출 연장하러 온

40대가 있었다. 이 고객은 금리가 5퍼센트대라는 사실을 보고 매우 놀라워했다. 1억 원을 상환했는데도 내는 이자는 더 많아졌다며 이야기했다. 처음 대출을 받았을 땐 2퍼센트대였는데, 몇 년 사이 두 배가 올랐으니 그럴 만도 했다.

"학창 시절에 공부만 하고, 성인이 되어서는 열심히 일만 했는데 막상 돈은 없네요…."

이야기를 나눠보니 모 대학교의 부교수였다. 오랫동안 공부만 하느라 재테크는 뒷전이었다. 부교수가 되었지만 여전히 전세에 거주하며 전세대출을 연장하며 살고 있었다. 이 고객은 내 앞에서 전세대출 연장서류를 다 쓰고 난 뒤, 1년 뒤에는 집을 사야 하는지 고민이라고 이야기했다. 마지막에 이런 말을 덧붙였다.

"저는 열심히 살았는데, 왜 이렇게 힘든 걸까요? 뭐가 문제인 걸까요?"

말도 안 되게 높은 금리, 급격하게 오른 집값이 형성되었을 때 누군가는 자산 가격이 폭등했고, 그 기회를 붙잡지 못한 사람들은 모두 불행해보였다. 아니, 자산을 보유한 사람

역시 더 보유하지 못해서 불안해했고, 자산이 없는 사람은
어찌할 수 없는 현실에 불행해했다.

이 고객 역시 열심히 공부해서 좋은 대학에 가고, 교수가
되는 자신의 일에 충실했다. 하지만 열심히 살아온 결과는
전세로 거주하며 치솟은 대출이자에 허덕이는 현실이었다.

고객으로 만나는 수많은 사람들이 각자 처한 상황은 다르
지만 공통점이 있었다. 돈의 흐름을 얼마나 먼저 깨닫느냐
에 따라 부가 결정된다는 사실이다. 자본주의를 깨닫느냐,
실천하느냐, 행동하느냐는 지식이 많고 박사 학위를 따는
일과는 별개의 문제다.

돈은 굉장히 중요한 물질임에도 우리는 여전히 돈 이야기
를 터부시한다. 돈 이야기를 하면 "돈돈 거리지 말라"며 타
박을 준다. 무의식중에 돈을 밝히는 사람은 속물이라는 생
각이 자리 잡힌다.

돈을 버는 일보다 사회가 정한 훌륭한 노동자가 되는 데
온 힘을 들인다. 열심히 공부한 대가로 좋은 대학에 가서 대
기업 직원이 되어 일한다. 대기업에 취업하면 인생이 성공
했다고 생각하고 별다른 노력을 하지 않는다. 30년 일하고

정년퇴직할 때쯤 그제서야 아무리 오래 일해도 월급만으로는 부자가 될 수 없다는 사실을 깨닫게 되는 것이 우리의 현실이다.

돈 공부가
곧 인생 공부

우리가 부자가 되기 어려운 이유는 부자가 되는 방법을 배우지 못했기 때문이다. 학창시절에는 돈 버는 법, 부자가 되는 법을 어디에서도 배울 수 없었다. 한 번도 배우지 못했기에 막연하고 어렵다. 학교에서 배우는 공부처럼 돈 공부도 커리큘럼을 짜서 하나씩 쌓아나가야 한다.

하루아침에 이루어지는 일도 아니다. 그래서 누군가는 배울 시도조차 하지 않으며 누군가는 중간에 포기한다. 돈 공부는 인생에서 중요하지만 모든 사람이 하지 않기 때문에 하는 사람은 부자가 되고, 하지 않는 사람은 그대로 산다.

내 생각에, 진짜 공부는 20살부터 시작이다. 고등학교 때까지의 공부가 사회가 바라는 공부였다면 20살 이후의 공부는 내가 살아가는 데 반드시 알아야 하는 지식을 배우는 과정이 되어야 한다.

그중 돈을 버는 법, 돈을 불리는 법은 누가 나서서 알려주지 않기 때문에 스스로 배워나가야 한다. 절대 미루면 않되는 필수 공부다. 돈 공부를 시작하려고 마음을 먹었다면, 이것을 반드시 기억하자.

《부의 비밀》이라는 책에 나온 문구이다.

당신은 반드시 원하는 바를 명확하고 분명하게 마음속으로 그려야 한다. 우선 마음에 그림이 있어야 그것을 전달할 수 있다. 먼저 그려야 받을 수 있는 법인데, 사람들은 자신이 하고 싶고, 갖고 싶고, 되고 싶은 것이 무엇인지 모호하고 막연하게만 생각하기 때문에 생각하는 원소에 자신의 소망을 각인하지 못한다.

부자가 되는 과정에 반드시 먼저 해야 하는 일은, 얼만큼의 부를 쌓을지 목표를 수립하는 것이다. 남들이 말하는 100억 원이 아니라 금액을 스스로 정한다. 나에게 충분히 필요한 돈은 얼마인지, 내가 정한 부자의 기준이 무엇인지 정하고 그것을 이룬 모습을 머릿속에 그리는 일부터가 부를 이루는 시작이다.

　요즘에는 돈을 버는 법, 기술과 정보는 널려 있다. 그런데도 아직도 부자가 되는 사람은 소수다. 당신은 어떤 사람이 될 것인가?

꼭 알아야 할
투자 기준

_상가 매매

요즘에는 모든 일이 손가락 몇 번으로 해결된
다. 작은 핸드폰 하나로 못하는 일이 없어진다. 사람과의 대
화는 점점 줄어들고 누군가의 눈을 보고 이야기하는 일이
어색해진다.

은행도 마찬가지다. 은행을 방문하는 사람들은 대부분 스
마트폰으로 업무를 처리할 줄 모르는 사람들뿐이다. 대부분
연령대가 높은 어르신들이다.

여느 날과 같은 평일 점심시간이었다. 교대 중이라 대출
쪽엔 나 혼자 근무하고 있었다.

"47번 고객님!"

번호를 부르니 연세가 지긋하신 70대 어르신이었다. 어르신은 흰머리가 가득하고 풍채는 크고, 얼굴에는 세월의 흔적이 가득했다. 세월의 흔적과 반대로 표정은 웃음을 머금고 있었다. 어르신은 자신이 보유한 대출 이자는 몇 프로인지 매월 얼마씩 상환되는지 총 나가는 원금과 이자가 얼마인지를 나에게 물었다.

신분증을 받고, 본인 확인을 한 뒤 전산 조회를 시작했다. 조회하니, 거래 화면에는 예금은 없었고, 대출만 여러 건이 보였다. 내가 하나씩 답변하자 통장 뒷면에 정성스럽게 답변을 써내려갔다. 대화를 나눠보니 보유한 대출금이 약 6억원 정도로 연세에 비해 총 대출 금액이 많은 편이었다.

잘못된 투자의
폐해

은행은 기본적으로 돈을 맡아주고, 돈을 빌려

준다. 돈을 맡아주는 일보다 빌려주는 일이 더 많은 검토와 시간을 필요로 한다. 돈을 빌려줄 때는 이자를 잘 갚을 수 있을지, 신용점수는 어떠한지, 앞으로의 수입은 어떠한지 등 채권 회수에 대해 여러 각도로 평가한다. 특히 연세가 많은 사람들은 미래 소득을 점검하며 조금 더 엄격하게 대출 상환 능력을 판단한다.

연세가 많은데 규모의 대출을 보유하고 있다면 분명 충분히 담보가 제공된다는 뜻이다. 직장인들이야 매달 현금흐름이 들어올 것이 예상되므로 연봉 정도의 신용대출은 어렵지 않게 받을 수 있지만, 이미 은퇴 연령이 지난 사람이 몇 억이나 되는 대출을 받을 수 있다면, 분명 타당한 담보를 근거가 필요하다.

어르신이 어떤 담보로 대출을 받았는지 살펴보았다. 하나는 땅, 하나는 상가였다.

담보에도 여러 종류가 있다. 아파트, 토지, 공장, 선박, 비행기, 기계 등 가장 많이 취급하는 부동산이 아파트이다. 아파트는 고시되는 시세가 있기 때문에 가장 수월하다. 어르신의 담보는 땅과 상가로서 금액도 컸다. 특히 상가 담보대출 금액이 5억 원에 가까운 금액이었다. 대화를 나누던 중 어르신이 한 말이 충격이었다.

"친구 말 믿고 상가 잘못 사서 망했네요. 7년이 지나도록 아직까지 상가는 비어 있는데 대출이자 백 얼마에 관리비는 60만 원씩 내고, 내가 분양받은 가격보다 1억 원 싸게 내놨는데 아무도 안 사가요."

7년이라는 시간 동안 공실을 버티며 대출이자와 관리비를 내고 있다는 사실이 충격이었다.

은행에서 근무하다 보면 많은 사람들의 사연을 듣는다. 투자를 잘못해서 빚더미에 앉게 된 이야기부터 그때 투자를 잘해놔서 노후 준비가 끝났다는 이야기, 보이스 피싱을 당해 큰 어려움을 겪었다는 이야기, 대출을 받아 친구에게 빌려줬는데 아직도 돌려받지 못했다는 이야기 등 수도 없다.

많은 이야기를 들어왔지만 어르신의 이야기는 충격이기도 하고, 마음이 아팠다. 7년이란 시간 동안 고스란히 대출이자와 관리비를 감당하며 고통의 시간을 견딘 사람에게 은행원이 건넬 수 있는 말은 위로뿐이었다.

가끔 어디선가 투자한 지 몇 달 만에 부동산을 몇 채 샀다는 자랑하는 듯한 이야기를 듣는다. 누구나 부동산을 살 수 있다. 하지만 빌라 사기처럼 문제가 되는 투자도 있다.

많은 사람들이 짧은 기간에 거둔 성과만 보고 그들의 방법을 쫓고자 한다. 쉽게 버는 돈이 있을까? 세상에 돈은 무한정 널려 있지만 그 돈은 결코 그냥 오지 않는다.

무엇보다 쉽게 버는 돈은 쉽게 사라진다. 돈의 속성은 본래 그런 것이다. 내가 아무리 노력한다고 벌리지 않고, 아무리 애쓴다고 그만큼 벌 수 있지도 않다. 오히려 욕심이 과할수록, 빨리 부자가 되고 싶어 할수록 우리의 눈은 흐려진다. 결국 내 돈을 누군가에게 맡기거나 잘못된 곳에 돈을 투자하는 실수를 저지른다. 돈은 정말 그런 것이다. 우리는 빨리 부자가 될 수 있다고 외치는 시대에 살지만, 빨리 부자가 된 사람은 찾기 힘들다.

흔들리지 않는
나만의 기준을 세운다

돈은 시간이라는 양식을 먹고 불어난다. 처음

에는 작았던 돈이 모여서 커지고, 그렇게 커진 돈은 두 배로 커지게 된다. 1년 만에 10억 원대, 몇 년 안에 100억 원대 부자가 된 이야기들이 진짜 사실인지 알지 못한 채 그저 빨리 부자가 되는 것을 목표로 삼는다면 금방 현실적인 벽에 부딪히고 말 것이다.

'저 사람이니까 됐겠지!'

'내 주제에 부자는 무슨 부자야?'

'내가 한다고 되겠어?'

주변의 이야기에 귀를 기울이다 보면 자포자기를 하고 마는 것이다. 타인의 속도에 맞추면 길을 잃거나 넘어지게 된다. 재테크 역시 마찬가지다.

누구는 뭘 샀고, 누구는 뭘 투자했다는 말보다 부디 자신에게 초점을 맞추면 좋겠다.

'나에게 필요한 자산은 얼마일까?'

'경제적 자유를 이루기 위해 나는 뭘 해야 할까?'

'내가 생각하는 부자의 기준은 무엇일까?'

'돈 그릇'이라는 말이 있다. 돈은 자신의 그릇 크기만큼 담긴다. 《부자의 그릇》에 나오는 말이다.

이건 정말 신기한 일인데, 돈은 그만한 그릇을 가진 사람에게 모
여든다네. 10억 원의 그릇을 가진 사람에게는 10억 원, 1억 원의 그
릇을 가진 사람에게는 1억 원이 모이게 돼.

내가 가진 그릇의 크기만큼 돈이 담긴다면, 돈을 버는 행
위보다 더 먼저 해야 할 일은 돈 그릇을 키우는 일이다. 로
또에 당첨되었지만 금세 돈을 잃게 되는 사람들, 큰돈을 벌
었지만 금방 잃는 사람들 모두 그 돈을 담을 만한 그릇이 없
기 때문이다.

우리 모두는 내면에 그릇이 있다. 각자의 그릇의 크기는
다 다르다. 누군가의 그릇은 크고 누군가의 그릇은 작다. 이
그릇의 크기가 우리가 벌고 유지할 수 있는 돈의 크기를 결
정한다. 여기서 중요한 것은 '버는 일'과 '유지한다'는 개념
이다. 버는 일도 쉽지 않지만 번 것을 유지하는 일은 결코
쉽지 않다.

'부자가 되고 싶다'고 생각한다면, 자신의 돈 그릇을 먼저
키우자. 부자의 생각을 배우고, 부자처럼 그릇을 키워야 한

다. 그 방법 중 하나는 '나도 부자가 될 수 있다'라는 믿음이다. 또 하나는 그 믿음을 현실로 만들기 위한 행동이다. 지금 즉시 할 수 있는 쉬운 행동 중 하나는 부자가 쓴 책을 읽는 것이다. 진부한 이야기 같은가? 원래 진리는 단순하다.

아무것도 하지 않은 채 부자가 되길 바라는 것보다 적어도 '어떻게'라는 의문을 가지고 노력해야 한다. 조금의 노력에서부터 변화는 시작되니까.

70대 어르신이
매달 은행을 도는 이유
_기준금리

코로나19 시기에 재미있는 경험을 했다. 돈을 가진 사람들은 울상이었고, 돈을 빌리는 사람은 활짝 웃었다.

"예금 금리가 몇 프로죠?"

"0.7프로입니다."

나의 대답을 들은 고객들의 눈이 토끼보다 더 커졌다. 이미 뉴스나 언론에서 알고 있던 사실이지만, 진실을 마주하는 순간의 놀라움은 감출 수 없어 했다. 그리곤 이내 실망하는 얼굴을 내비쳤다.

매년 정기예금을 재예치하는 고객들이 있다. 보통 연세가 많은 어르신이신데 수입이 딱히 없기에 정기예금의 이자로 살아가는 사람들이다. 2008년에만 해도 이자가 8퍼센트대였는데 2021년에는 1퍼센트라서, 이들은 낮은 이자로 생계를 이어가야만 했다.

70대 기택 어르신도 매년 예금을 연장하러 왔다. 그분은 일 년에 하루 날을 정해놓고 근방의 모든 은행을 다 방문했다. 아침 9시, 은행이 문 여는 시간부터 이 은행, 저 은행을 싹 돌면서 예금을 연장하고 이자를 수령했다. 기택 어르신에게는 이자가 곧 생계의 수단이었다.

근로소득자들이 일해서 돈을 벌 듯, 어르신들은 예금을 예치해서 돈을 번다. 0퍼센트 저금리 시대에 이자를 받아 생활하는 어르신들에게는 막막한 해였다.

울고 웃는
금리의 딜레마

대출을 받는 입장은 정반대였다.

"주택담보대출 금리가 몇 프로예요?"

"3프로입니다."

　나의 답변을 들은 대출 고객들은 만족스러운 얼굴을 내비쳤다. 돈을 빌리는 사람들은 유례없는 저금리에 신나게 돈을 빌려 쓰기 바빴다. 금리가 워낙 낮았기에 큰돈을 빌려도 이자 부담이 적었다. 빌릴 수 있는 대로 최대로 빌려서 여러 자산에 투자를 하는 것이 유행처럼 번져갔다. '영끌족(영혼까지 끌어 모아 대출로 집을 산 사람)'이라는 단어는 뉴스기사를 도배했다. 영끌족은 주로 2030대 청년들이 대부분이었다. 동시에 '현금은 쓰레기, 현금을 가지고 있으면 바보'라는 이야기까지 들려왔다.

　영원한 것은 없었고, 단 2년 만에 상황은 역전되었다. 금리는 예상치 못한 속도로 급등했다. 예금 금리가 4프로 이상이 되었다. 동시에 대출 금리도 두세 배가 뛰었다. 돈을 가진 사람들의 얼굴은 다시 웃음꽃이 피었다. 예전처럼 은행에 돈을 예치하면서 돈을 불릴 수 있게 되었다고 안심하는 듯했다.

반면, 돈을 빌리는 사람들의 얼굴은 울상이 되었다. 보유하던 대출 이자는 두 배가 되었다. 대출을 갚지 못해 집이 경매로 넘어가는 경우가 허다했다. 저금리 시대에 여기저기 돈을 끌어다가 대출을 받은 사람들은 힘든 시기를 겪게 되었다.

이처럼 금리는 우리 실생활에 밀접하게 연관된 아주 중요한 요인이다. 금리가 하락하면 자산 가격은 폭등한다. 금리가 상승하면 반대가 된다. 금리에 따라 자산 가격은 오르고, 내리는 일을 반복한다.

내가 처음 은행에 입사했을 때 예금 금리는 8퍼센트 이상이었다. 돈을 가지고 있던 사람들은 웃었고, 대출을 쓰는 사람들은 울었다. 긴 시간 동안 금리는 오르고 내렸다. 그러면서 깨달은 진리는, 금리도 자산 가격도 영원한 것은 없다는 사실이다.

아파트 가격이 얼마이며, 보유한 자산의 가치가 얼마인지 등을 이야기할 수는 있다. 다만 그것은 불변의 성질이 아닌 시장의 상황에 따라 계속 변한다. 그래서 지금 당장 내가 가진 자산의 합이 얼마라고 말할 수 있어도 그것은 그저 수치에 불과할 뿐이었다.

그렇다면 이렇게 변동성이 심한 자산을 어떻게 불려야 할까? 나는 은행에 근무하며 금리처럼 예측 불가능한 것을 예측하기 위해 시간을 쏟는 것이 아님을 깨달았다. 그보다는 좋은 자산을 보는 안목을 길러서 불황에 싼 가격으로 자산을 구하는 안목을 길러야 함을 몸소 알게 되었다.

환호할 시간에
묵묵히 지킬 것

상상할 수 없는 일의 대비책을 세우기는 불가능하다. 상상 가능한 모든 경우의 수를 검토했다고 믿을수록, 그 경우의 수에서 벗어난 일이 발생했을 때 충격만 더 커진다. 하지만 아래 두 가지를 기억한다면 그나마 도움이 될 것이다.

첫째, 캘리포니아 사람들이 지진을 바라보는 것처럼 리스크를 바라보라. 그들은 대규모 지진이 언제고 반드시 일어

날 것이라 생각한다.

둘째, 상상할 수 있는 리스크만 대비하면 상상하지 못한 리스크는 준비되지 않은 채로 맞아야 한다는 사실을 기억하라. 그러니 개인 재정을 관리할 때는 너무 많다 싶은 액수가 적절한 저축액이라고 생각하라. 저축액은 과하다고 느껴질 정도가 돼야 한다.

《불변의 법칙》에 나오는 이야기이다. 스스로 감당할 수 있다고 생각하는 부채 액수의 경우도, 실제 당신이 감당할 수 있는 액수는 그보다 적을 가능성이 크다고 한다. 그렇다. 코로나19 시기에는 이 정도 부채쯤은 금방 갚을 수 있는 돈이라고 생각했다. 대출금으로 주식, 부동산, 코인 어떤 투자를 하든 대출 이자보다 훨씬 더 많이 벌 수 있었다. 그런 자만의 마음은 운을 실력이라고 착각하게 만들었다. 실력이 아닌 운으로 돈 버는 재미를 본 사람들은 더 적극적으로 투자에 나섰다. 그리고 고금리의 시대를 맞이하게 된다.

정부에서 지원해주는 대부분의 정책자금이 2, 3년 동안 이자만 납부하다가 원금상환이 도래하는 구조였다. 처음 대출을 받고 몇 년은 원금은 갚지 않고 이자만 납부하면 되었기 때문에 큰 부담이 되지 않았다. 갚아야 할 돈이라는 생각은 잊은 채, 내 돈인 듯 소비하거나 투자하는 사람들이 대부분이었다. 자신이 감당할 수 있는 그릇을 잊은 채 무리한 투자를 해온 사람들은 아마 몇 년 사이에 천국과 지옥을 동시에 맛보았을 것이다.

경제 전문가 나심 니콜라스 탈레브는 "예측이 아니라 준비성에 투자하라"라고 말했다. 그런데 우리는 어떤 상황을 예측하려 든다. 주가가 오를까? 집값이 오를까? 비트코인이 오를까? 어떤 자산의 향방을 예측하는 일은 불가능에 가깝다. 차라리 리스크를 감당할 수 있는 대처를 준비해야 한다. 충분한 준비가 되었다면 어떤 리스크도 나에게 타격을 줄 수 없다.

우리가 위기나 리스크에 취약해지는 이유는 그것에 대한 충분한 대비책을 세우지 않았기 때문이다. 만약 경제적으로 힘든 상황에 처했다면 그건 100퍼센트 리스크에 대한 준비가 부족했기 때문이다. 어떤 시기에는 리스크를 감당해야 하고, 어떤 시기에는 리스크를 피해야 한다. 그 시기는 나의 투자 실력보다도 금리, 외부 환경, 대외정세, 공급물량 등 여러 영향을 받는다. 리스크를 감당해야 하는 시기에 내가 했던 투자는 투자금의 세 배 이상의 수익을 가져다주었다.

반대로 사회초년생 시절에는 주식투자를 하고 초심자의 행운으로 수익을 맛본 뒤, 깊은 공부 없이 목돈을 투자했다가 수익을 모두 날린 경험도 했다. 그리고 깨닫게 되었다.

'쉽게 버는 돈은 쉽게 잃는다.'

그 뒤로는 집값이 올랐다고, 주식이 올랐다고 좋아하지 않는다. 모두가 환호할 때 오히려 묵묵히 공부하고 수양하는 자세가 필요함을 알았기 때문이다.

투자를 하기 전에 나에게 벌어질 수 있는 리스크를 조금 더 고려하고, 대비책을 미리 세워논다면 투자 손실이라는 위기를 좀 더 쉽게 넘길 수 있다.

리스크는 기회라는 이름으로 찾아오고, 탐욕이 더해져 우리를 위기에 빠뜨린다. '이번 기회를 꼭 잡아야 해', '저 사람보다는 더 잘 살아야 해', '꼭 내 자산을 두 배로 불려야 해'라는 탐욕은 눈을 어둡게 만든다.

열심히 노력하면 부자가 될 수 있다고 생각하지만 현실은 반대다. 어두운 눈은 현실을 제대로 보지 못하게 만든다. 부자가 되려고 애를 쓸수록 가난해지는 사람이 존재한다. 사기를 당하는 사람도 생겨난다. 대부분 빠르게 돈을 벌려는 욕심에 무리한 투자를 한 결과다.

언제든 위기가 닥칠 수 있다는 사실을 염두에 두고 보수적인 투자를 이어가야 하는 이유이다. 역사는 반복된다. 그리고 사람들은 같은 실수를 반복한다. 가장 중요한 진리를 꼭 기억하자.

부자는
이것부터 다르다

_돈을 대하는 마음과 습관

김 회장님은 어떻게
부자가 되었을까?

신입사원으로 입행했을 때, 내가 해야 할 일은 기본 업무, 직장문화, 그 외에 고객을 기억해야 하는 것이었다. 신입사원이었던 나에게 한 고객을 보며 선배가 이러한 말을 했다.

"저분이 우리 지점 넘버원이야."

직원들이 '김 회장님'이라고 부르는 그분은 지점에서 가장 많은 자산을 가진 고객이었다.

돈이 많은 사람은 어떻게 부자가 되었는지, 20대 초반인 나는 궁금했지만 이내 생각을 접었다. 내가 해야 할 일은 VIP 고객이 요청하는 일을 정확하게, 빠르게 처리하는 것이었다. 그들이 어떻게 부자가 되었는지 궁금했지만 물어봐도 이야기해줄 사람이 없었다.

그 당시에는 부자가 되고 싶어 하는 사람도 없는 듯 보였다. 어떻게 부자가 되었는지 궁금할 시간에 자격증을 따고 연수를 듣고 그렇게 사회가 바라는 노동자가 되라고 부추겼다. 내 궁금함은 해결되지 않았지만, 김 회장님을 계속 관찰할 수는 있었다.

적은 돈도 아꼈던
VIP의 습관

김 회장님은 매일 은행에 왔다. 월요일부터 금요일까지 하루도 빼먹지 않았다. 대체 무슨 일을 하기에 매일 은행에 오는지 궁금했다. 어느 날, VIP실에서 근무하는 대리님에게 물어보았다.

"김 회장님은 은행일을 매일 보러 오시는 거예요?"

"아냐, 신문 보러 오시고 전화하러 오시고 시간 보내러 오시는 거야."

지금은 통신사 요금제 대부분 전화 통화 비용이 무료이지만 10년 전만 해도 유료였다. 전화 통화하는 1분당 비용을 내던 시절이다. 은행 VIP는 은행 업무보다 전화 통화나 신문을 읽으러 은행에 왔다.

김 회장님은 동네에 건물 여러 채를 소유한 부자였다. 매달 통장에 따박따박 월세가 몇 천만 원씩 입금되었다. 노동해서 돈을 벌 필요가 없으니 시간은 남았고 그 시간의 대부분을 은행에 와서 볼일을 하며 보냈다.

가끔은 고액 고객의 자산관리, 재무설계를 하는 PB Private Banker 팀장님과 식사를 하기도 했다. 김 회장님은 전화 쓸 일이 있으면 은행 전화기로 통화를 하곤 했다. 그 모습을 보며 '진짜 돈이 많을 텐데 전화 요금처럼 적은 돈도 너무 아끼는 것이 아닌가?'라고 생각했다. 그분은 옷차림도 무채색 계열의 비슷한 옷을 입었다. 누군가 본다면 '왜 매일 같은 옷을 입지?'라고 생각할 수도 있었다.

하지만 김 회장님은 남의 시선을 신경 쓰지 않고 본인이

편한 옷차림을 고수했다. 화려한 행색은 아니었지만 단정하고 깔끔했다. 부자가 될 수밖에 없는 마인드이지 않는가.

부자에게 1억 원과 가난한 사람에게 1억 원은 다른 가치를 지닌다. 하지만 돈이 많은 사람이라고 그 가치를 적게 느끼지 않는다. 오히려 돈이 많은 사람일수록 돈을 더 값지게 대한다.

김 회장님 역시 경제적 자유를 이루고 남는 시간을 은행에서 보내면서도 적은 돈을 절약했다. 돈을 버는 것보다 번 돈을 지키는 것이 더 어려움을 몸소 보여주었다.

생각해보면 우리는 돈을 벌기 위한 공부만 할 뿐, 돈을 지키기 위한 공부는 소홀하다. 그래서 돈을 벌었다가, 다시 돈을 잃는 경우도 허다하게 생긴다.

돈을 지키는
부자 마인드

세계 최고의 갑부 워런 버핏의 투자 원칙은 첫 번째도, 두 번째도 '절대로 돈을 잃지 마라'이다. 돈을 아무

매일 돈 버는 사람들

리 벌어도 다시 잃고 마는 이유는 돈을 지키기 위한 공부를 하지 않기 때문이다. 돈을 지키기 위한 공부는 두 가지로 나뉜다.

첫째, 나의 탐욕을 잘 다스리는 것이다. 둘째, 나의 돈 그릇을 키우는 것이다. 많은 돈을 벌면 더 욕심이 난다. 돈을 벌수록 더 벌려는 마음이 생기고 자신의 능력보다 더 많은 돈을 끌어다 투자를 하거나, 쉽게 사기를 당한다. 욕심은 커져가지만 나의 그릇이 그것을 전부 담을 그릇이 되지 않는 순간, 우리는 돈을 잃고 만다.

김 회장님을 보며 느낀 점이 하나 더 있다. 바로 '표정'이었다. 그분은 풍채도 좋았는데 입꼬리가 항상 올라가 있었다. 인상을 쓰는 얼굴이 아니라 평온하게 웃는 모습을 보면서 부자는 태도가 어떻게 다른지 생각해볼 수 있었다.

웃는 행위는 인간에게 주어진 축복과 같은 일이다. 하지만 우리는 하루에 몇 번쯤 웃으며 보내는지 생각하지 않는다. 대부분 웃는 시간보다 화내거나 무표정인 시간이 더 많을 것이다. 아주 사소한 내 표정, 내 얼굴, 내 말투조차 바꾸지 못하면서 누굴 어떻게 도와줄 수 있을까? 어떻게 부자가 될 수 있을까?

은행에 입사해서 처음으로 본 VIP, 김 회장님의 표정, 태도 등을 보며 나는 많은 감정을 느꼈다. 같은 하늘 아래 나와는 다른 삶을 사는 이유를, 그때는 보이는 그대로 그분의 태도라고 밖에 알아낼 수 없었다.

나는 그분처럼 행동하기로 마음먹었다. 나 역시 웃는 습관을 만든 것이다. 생각을 행동으로 바꾸기 시작하면서 깨달은 사실이 있다. 부자가 되기 위해서 무엇을 해야 하는 방법론보다 중요한 것은 30년 이상 고정된 나의 인식 체계를 변화시키는 일이었다. 부자가 될 수 있다는 믿음, 부자가 되리라는 믿음이 그것이었다.

나에 대한 확신과 믿음이 있는 사람만이 경제적 자유를 위한 행동을 할 수 있다. 그로부터 10년이 더 지난 지금, 나는 그분이 어떻게 부자가 되었는지 알 것 같다.

나는 태도를 바꾸고, 돈을 긍정하기 시작했다. 처음에 5,000만 원에서 투자를 시작했다. 그렇게 긍정적으로 삶을 대하고, 돈을 대했다. 지금까지 20억 원의 자산을 일구었다.

부자가 되는 공식은 아주 작은 태도부터 시작된다. 표정,

자세, 돈을 대하는 태도…. 부자가 되기 위해서 돈을 버는 방법이나 기술보다 더 먼저 배워야 하는 원칙은 부자 마인드다. 부자들이 어떻게 돈을 벌었는지보다 어떤 태도로 살아가는지를 먼저 배우고 실천한다면 경제적 자유는 먼 일이 아닐 것이다. 돈을 버는 일은 오롯이 나에게 달려 있다.

직장인의 부를
결정하는 것

은행에서 일하면서 다양한 직업을 가진 사람을 만나게 된다. 자영업자부터 공무원, 사업가, 나와 같은 은행원까지 다양하다.

대출을 해주기도 하고, 받는 입장이 되기도 한다. 대출은 돈을 빌려주고 당연히 이자를 받는데, 빌려간 고객이 그 이자를 잘 갚을 수 있는지 능력을 본다. DSR이라는 규제로 제한을 두기도 한다. DSR은 '총부채원리금 상환비율'로, 보유한 모든 대출의 연간 원금, 이자 상환금액을 연소득으로 나눈 것이다. 즉 은행에서 누군가에게 돈을 빌려줄 때는 이 사람이 갚을 상황이 되는지가 굉장히 중요하게 본다.

근무하며 만났던 한 지점장님은 이런 말씀을 하셨다.

"여신업무를 할 때는 내 돈을 빌려주는 것과 같은 마음을 가져야 한다. 내 돈을 빌려준다고 생각한다면 차주의 상환 능력을 더 꼼꼼히 보게 되거든."

누군가는 박봉,
누군가는 자산가

어느 날, 대출을 신청하러 40대 여성이 왔다. 대출 신청할 때 필요한 정보인 직장인인지, 사업자인지 연봉은 어떻게 되는지 현재 대출은 있는지, 대출이 왜 필요한지 등에 대해 물었다. 고객은 중학교에서 근무하는 선생님이었고, 생활자금으로 대출이 필요하다고 말했다. 이런저런 대화를 나누던 중 지금 방학 기간이라는 말을 들었다.

나는 분위기도 풀 겸 이렇게 말했다.

"선생님이라 방학도 있고 좋으시겠어요."

돌아오는 답변은 예상과 달랐다.

"말도 마세요. 얼마나 박봉인지 몰라요. 왜 선생님이 되었는지 모르겠어요!"

어릴 때 어른들이 "너 커서 뭐 될래?"라고 물으면 가장 쉬운 대답이 '선생님'이었다. 나 역시 어릴 때 장래희망은 생각 없이 선생님이라고 대답했던 것 같다. 학교를 다니면서 여러 선생님들을 만났고 선생님은 위대한 직업이란 생각을 했다. 자라나는 아이들에게 교육적으로 어떤 영향을 미치려면 사명감이 필요한 일이었다.

그런데 자신의 일을 아무리 사랑할지라도 돈에서 자유로워질 수 없다. 아무리 좋아하는 일이라도 그에 상응하는 대가가 있어야만 한다. 자본주의 사회에서는 돈이 있어야 삶을 이어나갈 수 있기 때문이다. 다만, 박봉인 교사는 정말다 부자가 될 수 없는 걸까? 이는 생각해볼 문제다.

이 고객의 이야기를 듣고 있자니, 문득 과거에 대출을 해주었던 다른 교사가 떠올랐다. 보유한 부동산만 네 채인 자산가였다. 똑같은 박봉인 월급이어도 누군가는 투자하며 자산을 불려나간다.

부유해지는 법은 다른 사람이 못하는 일을 하기 때문도 아니다. 직업이 같은 두 사람이 거의 똑같은 일을 하는데도 한 사람은 부자가 되고 다른 사람은 계속 가난하거나 망하지 않던가. 같은 환경에서 같은 직업에 종사하는 두 사람 중 한 사람은 부자가 되는데 다른 사람은 그렇지 못한 경우를 본다. 과연, 부를 결정하는 요인은 무엇일까?

박봉인 교사를 왜 했는지 모르겠다고 생각하는 사람, 안정적인 연금까지 보장된 최고의 직업이라고 여기는 사람, 같은 직업을 가져도 직업을 대하는 태도는 각자 달랐다. 그리고 그 태도가 부를 결정하기도 한다.

부는 믿음에 따라
결정된다

우리가 가진 생각대로라면, 의사는 전부 부자여야 한다. 중소기업 회사원은 가난해야 한다. 그러나 은행에 근무하면서 정반대의 상황을 자주 마주한다. 의사이면서 빚에 허덕이는 사람을 본다. 연봉이 3억 원인데도 카드값을 내지 못해 연체가 되고 독촉전화를 받는다. 박봉의 회사원이지만 자산을 많이 가진 사람도 본다. 긴 시간을 들여 돈을 모으고 그 돈을 자산에 투자한다.

얼마를 버느냐도 중요하지만, 얼마를 쓰느냐도 중요하다. 얼마를 버느냐도 중요하지만 어떻게 부자가 될지 고민하고 행동하는 것은 더 중요했다. 결론은 부자는 직업과는 상관없다. 학벌과도 상관없다. 그렇다면 부를 결정짓는 건 딱 하나, 부자의 방식으로 생각하는 것이다.

'박봉인 월급이라 할 수 없어.'

'박봉이지만 차곡차곡 자산을 모아야겠다!'

이 두 생각의 차이는 먼 훗날 커다란 차이를 가져온다. 어쩌면 부자가 되는 일은 딱 하나만 바꾸면 될지도 모른다. 바로, '생각'이다. 부자가 될 수 있다는 믿음, 어떻게 하면 부자가 될 수 있을지 고민하고 행동하는 것이다. 쉬워 보이지만 우리의 머릿속에 뿌리박힌 생각을 완전히 바꾸는 일은 태산을 옮기는 일처럼 어렵다.

자영업자 사장님에게
필요한 것

어느 날, 자영업을 하는 사장님과 대화를 나눌 기회가 있었다. 내가 근무했던 지점 인근 가게였는데, 벌써 20년 넘게 한 자리에서 장사를 했다고 한다.

이런 사람들을 보면 존경하는 마음부터 든다. 특히 자영업은 몇 년 이상 영위하는 일이 쉽지 않다고 한다. 자영업은 폐업의 비율이 특히 높다.

사장님은 장사가 잘될 때는 한 달에 1,000만 원씩 적금을 넣기도 했는데 코로나19 때문에 다 해지하면서 '사업도 한순간'이라는 생각을 했다고 입을 뗐다.

길거리에 많은 가게들을 보면 저 가게는 어떻게 유지가 될지 늘 궁금하기도 했던 터라, 1시간 남짓 업무 처리를 하며 많은 이야기를 나눴다. 사장님은 이렇게 말했다.

"20년간 월세 낸 거 따져보면 가게 사고도 남았죠. 장사할 때 오래 할 거라 가게를 사서 시작하려고 했는데, 임대인은 노후 준비로 사놓으신 것이라 절대 팔 생각이 없었어요. 그렇게 한 자리에서 장사하다 보니 20년이 지났어요."

사장님은 20년 동안 월세 낸 거 따지면 상가 살 돈이었다고 말했다. 자본소득을 마련하지 못한 것에 대한 후회를 얼굴에 내비쳤다. 또한 사업과 함께 자본을 소유해야 하는 이유를 일깨워주었다. 그리고 이런 말도 덧붙였다.

"코로나19로 장사가 휘청이니까, 다 포기하고 싶었어요."

코로나19로 많은 직장에서 인원을 감축했고 직장인들은 실직했다. 그중 자영업자도 예외는 아니었다. 그럼에도 장사가 잘되는 분야는 있었다. 온라인으로 빠르게 사업을 전환한 사례이다. 하지만 시장에서 여전히 대면을 기반으로 하는 소상공인들은 대부분 큰 피해를 입었다. 이번에 코로

매일 돈 버는 사람들

나19를 극복한 자영업자들은 위기를 극복하는 내공과 기술이 더욱 쌓였을 것이다.

위기에서 무엇을 배워야 할까?

혹시 코로나19라는 대참사 앞에서 국가적 재난으로 겪는 고통밖에 남은 것이 없는가? 직장인이기 때문에 비교적 코로나19의 위기를 직접적으로 느끼지 못했는가? 대기업 직장이라면 아무리 큰 위기가 닥쳐도 매월 주어지는 월급은 일정했을 것이다. 예상 가능한 현금흐름은 현실의 위기에 우리를 둔감하게 만들기도 한다.

직장에서 주는 돈은 가장 안정적이지만 또 반대로 가장 위험한 것이다. 위기를 피부로 느끼지 못하게 하니 말이다. 똑같은 위기 앞에서도 직장인은 상대적으로 안전하다는 이유만으로 안주하기도 한다.

하지만 안주하기에는 우리가 사는 세상은 굉장히 빠르게 변화한다. 5년 뒤, 10년 뒤는 어떤 세상이 될까? 빠른 세월을 대비하려면 매년 내가 살아온 연도의 이슈, 화제 등을 기록해놓고 내가 살고 있는 역사를 찬찬히 돌아보는 과정이 필요하다.

《알면서도 알지 못하는 것들》에는 소득을 열 배로 높이는 방법을 첫째는 '생각을 바꾸는 일', 둘째는 '호황과 불경기에 대한 기준을 재설정하는 일'이라고 했다. 그러면서 역설적으로 가장 돈을 벌기 좋을 때는 '지금'이라고 전한다.

나는 그중 호황기와 불경기에 대해 이야기하고 싶다. 우리는 살아가면서 몇 차례의 위기라고 불리는 상황을 만난다. 이 시기가 굉장히 재미있는 이유는, 누군가는 순식간에 큰 부자가 되고 누군가는 순식간에 가난해지기 때문이다. 같은 위기 상황을 만났음에도 순식간에 부자가 되는 사람, 순식간에 가난해지는 사람으로 나뉜다. 그 차이는 어디서 올까?

'불경기라서 어렵다, 죽겠다라며 모두가 어려운데 나라고 방법이 있을 턱이 있나?'라는 식의 마음을 가진 사람과 '이 상황에 내게 어떤 기회가 있을까? 어떤 기회가 나에게 찾아온 걸까? 나는 이 위기를 어떻게 활용할까?'라며 스스로에게 질문을 던지는 사람의 차이를 알겠는가? 후자는 반드시 돌파구를 마련하며 앞으로 나아간다.

오프라인 모임이 제한되고, 온라인으로 모든 것이 전환되었다. 누군가는 비대면으로 강의하고, 온라인에서 물건을 팔았다. 오프라인에서 온라인으로 많은 것이 옮겨갔다. 온라인으로 전환한 사람들은 큰 돈을 벌었다.

위기 속에서도 기회는 생기기 마련이다. 가장 돈을 벌기 좋은 시절은 언제나 지금이다. 좋은 시기를 기다리지 말고, 늘 지금이 가장 좋은 시기라는 사실, 기회가 지금 내 옆에 있다는 사실을 기억해야 할 것이다.

인복이 많은
노부부의 선물

"은행에서는 주로 어떤 일을 하세요?"라고 묻는 사람들이 많다. 은행 업무는 굉장히 다양하다. 크게는 본점과 지점이 있다. 우리는 '은행'이라는 단어를 떠올리면 객장에서 고객을 대면하는 업무를 가장 먼저 떠올리지만 모든 은행원이 그렇지 않다. 본점에서 근무하는 직원은 사무실에서 근무하는 회사원과 더 비슷한 느낌이다.

영업점 즉 지점은 우리가 흔히 떠올리는 은행이다. 지점에서 대면 업무를 하는 직원들은 고객의 불편을 해소해주는 일을 한다. 고객의 불편을 해결하고, 요청을 정확하게 처리

매일 돈 버는 사람들

하면 되는 일이다. 고객에게 도움이 되는 금융상품을 소개하기도 한다. 규정에 따라 하는 일이지만 은행원들의 응대에는 큰 차이가 있다.

아마 은행을 방문했을 때 감동을 받았거나 불쾌했던 경험이 있을 것이다. 모든 직원이 매뉴얼대로 업무를 처리하지만 그 과정에서 보이는 말투, 표정, 응대는 사람마다 다르다. 나 역시 고객으로 다른 은행을 방문하는 경우, '아, 친절한 분을 만나면 좋겠다'라는 생각을 할 때가 있다. 우리가 마주해야만 하는 곳이 어디 은행뿐이랴. 병원, 주민센터 등 여러 대면 업무에서 사람과 사람이 만나는 일은 말 한마디, 단어 한 마디로 일이 커지기도, 쉽게 해결되기도 한다.

직원은 로봇이 아니기 때문에 당연히 감정이 섞인다. 여기서 베테랑이라면 자신의 감정을 내비치지 않고 최대한 빠르게 고객의 불편을 해소한다. 어떤 고객은 은행원이 베푼 친절에 감동해서 직원에게 감사한 마음을 표시하기도 한다. 어떤 고객은 같은 규정에 따라 업무 처리를 받았지만 직원의 불쾌한 태도로 인해 불편한 느낌을 토로하기도 한다. 그 차이는 딱 하나, 태도에서 오는 것이다.

은행원은
관상쟁이

영업점에서 근무하던 시절, 출근길에 나는 매일 '오늘 하루도 만나는 분들에게 최선을 다하자!'라고 다짐했다. 이렇게 많은 고객들 중 내 번호표, 내 앞자리, 내 고객으로 오게 된 것도 수천만 분의 일의 인연이라 생각하며 최선을 다하자고 다짐했다.

은행원은 '관상쟁이'라는 말이 있다. 100퍼센트는 아니지만 얼굴만 봐도 그 사람의 인성, 재무 상태, 성격 같은 것이 어렴풋이 추측이 된다. 내가 보려고 의도하지 않아도, 걸어오는 순간부터 의자에 앉는 모습, 나에게 말을 건네는 모습 등을 보면 그 사람을 파악하게 된다. 워낙 많은 사람을 만나고, 그 사람의 재정 상태를 대략적으로 파악하는 경험치가 쌓인 이유에서다. 직원을 배려하는 고객과 함부로 대하는 고객의 얼굴은 다르다.

나는 만나는 사람에게 최선을 다한다. 그것이 서비스가 되었든, 그분이 필요로 하는 것이든 규정 안에서 업무를 처리하되, 내가 그분의 문제를 해결하기 위해 애쓰고 있다는 사실을 마음으로 느끼게 하려 한다.

이런 마음을 가지고 일하다 보면 좋은 사람들도 만나게 된다. 은행원으로서 당연히 해야 할 일을 했음에도, 감사함을 무언가로 표현하고 싶어 하는 사람들이 있다. 지점에서 근무하는 동안 나는 과분한 선물을 많이 받았다.

"대출을 해주셔서 무사히 이사했습니다"라며 건네는 음료, "덕분에 무사히 잔금하고 이사했습니다. 걱정이 많았는데 도와주셔서 감사합니다"라고 인사하며 건네는 커피, "어려운 건이었을 텐데 정말 애쓰셨습니다"라고 말씀하시며 건네는 빵, 자신의 이름을 기억해줘서 고맙다며 건넨 박카스….

어떤 음식이든 중요하지 않다. 그것이 얼마이든 중요하지 않다. 그 순간 내게 중요한 것은 음식을 사는 동안 나라는 사람을 생각했다는 그 마음이 정말 고맙다. 너무나 감사해서 내심 눈물이 찔끔 나기도 했다.

여러 선물들 중 가장 잊히지 않는 선물이 있다. 바로 수세미이다.

어느 날, 인상 좋은 노부부가 찾아왔다. 나와 업무를 하는 내내 나를 존중한다는 느낌을 받았다. 노부부는 대출을 받기 위해 은행에 방문했다. 대출 상담을 할 때 중요한 것은 대출 사유이다. 자금용도, 자금목적이라고도 한다.

노부부는 갑자기 사업이 어려워지면서 생계자금이 급히 필요해서 대출을 받으러 왔다고 했다. 남편은 사업을, 아내는 전업주부의 삶을 살아왔다. 코로나19를 겪으며 자영업자들은 큰 어려움을 겪었다. 노부부에게도 어려움이 닥쳤다. 그나마 그들에게는 다행히도 보유한 자산이 있었다. 보유한 집을 담보로 대출을 받기 때문에 심사가 어렵지는 않았다.

노부부에게 급하게 자금이 필요한 만큼 나는 빠르게 심사해야겠다고 생각했다. 제출서류 중 보완해야 할 서류가 있어 추가로 요청할 때도 기꺼이 응해주셨다.

자필서명을 위해 방문 요청을 할 때도 내가 편한 시간이 언제인지 먼저 물었다. 당연한 듯하지만 현장에서 일하다 보면 절대 그렇지 않다. 반드시 필요한 서류인데도, 그것이 왜 필요한지부터 따져 묻는 사람이 있다. 자필서명을 위해 내점을 요청하면, 당연한 권리인듯 은행 마감하고도 한참 지난 시간인 저녁 7시에 가도 되냐고 묻는 사람도 있다.

노부부의 대출 심사는 순조롭게 진행되었고 승인을 받았다. 대출금은 무사히 통장에 입금이 되었다. 대출이 실행된 날, 노부부는 나에게 무척 감사해했다. 대출금으로 노부부가 조금은 숨통이 트이고, 사업도 순탄하게 영위되면 좋다는 마음으로 대출을 마무리했다.

대출이 실행되고 얼마 뒤, 노부부는 나를 찾아와서 검은 비닐봉지에 담긴 무언가를 건넸다.

"이거 우리 아내가 직접 만든 거예요. 세상에 단 하나뿐인 수세미예요."

노부부는 수세미 10개 정도를 직접 뜨셨다며 객장에서 일하는 나에게 건네었다. 자글자글한 주름이 가득한 눈으로 나를 바라보았다. 투박한 검은색 비닐봉지에 차곡차곡 담긴 수세미가 알록달록하니 색깔이 참 고왔다. 수세미가 그토록 예쁠 수가 없었다. 수세미는 1,000원 내면 살 수 있는 설거지를 하는 도구 그 이상도 그 이하도 아니지만, 노부부의 정성이 담긴 봉지를 받는 내 손은 살짝 떨렸다.

당연히 해야 할 일을 했을 뿐인데 고맙다며 정성이 가득한 수세미를 받았다. 세상에 딱 하나뿐인 수세미였다. 내가 이런 과분한 마음을 받아도 되나 싶은 생각은 이내 접어두었다. 대신 이렇게 따뜻한 마음을 나도 누군가에게 전달하는 사람이 되어야겠다고 결심했다.

당신은
어떤 사람인가?

내 주변에 좋은 사람을 두려면 어떻게 할까? 예전의 나는 밖에서 좋은 사람을 찾기 위해 눈을 크게 뜨고 찾았다. 하지만 아무리 노력해도 사회에 나와서 좋은 사람을 찾기란 쉽지 않았다. 자기 이득만 챙기는 사람, 뒷말하는 사람, 앞뒤가 다른 사람, 사회엔 다양한 부류의 사람이 존재했다. 사회는 다 이런 곳이라며 사람을 멀리한 때도 있었다.

시간이 지나고 깨달았다. 좋은 사람을 두는 법은 내 안에 있었다. 외부에서가 아닌, 내가 먼저 좋은 사람이 된다. 내가 먼저 누군가에게 좋은 사람이 된다면, 자연스럽게 내 주변에는 좋은 사람들로 채워진다.

좋은 사람이 되려면 좋은 사람의 기준부터 정한다. 좋은 사람이란 어떤 사람인지 스스로에게 질문한다. 나에게 좋은 사람은 '이야기를 진심으로 들어주는 사람'이다. 나는 누군가의 이야기를 많이 들어주려고 의식적으로 노력한다. 기꺼이 귀를 내어준다. 한참을 듣고, 공감한 뒤 상대방은 나에게 이야기한다.

"내 이야기 들어줘서 정말 고마워."

누군가의 이야기를 잘 들어주면서 공감해주는 일만으로도 사람들은 당신을 '좋은 사람'이라고 칭할 것이다.

내가 좋은 사람이 되고 나니 좋은 사람이 주변에 가득했다. 누군가의 안부를 먼저 묻고, 사소한 것도 기억해주고 물어보았다. 가족들은 어떤지, 어디 아픈 곳은 없는지, 잘 적응하고 있는지, 불편한 점은 없는지 물었다. 그렇게 주변에 좋은 사람들이 생기고 난 뒤 난 이런 믿음을 갖게 되었다.

'난 인복이 많은 사람이다.'

항상 어딜 가나 인복이 많다고 생각하니 정말 그렇게 되었다. 새로운 근무지에 가도 좋은 사람들만 만나게 되고, 좋은 고객도 더 자주 만나게 되었다. 모든 상황은 그대로이고 단지 내 마음만 바뀌었을 뿐인데 상황이 바뀌었다.

'운이 좋은 사람', '인복이 많은 사람', '좋은 사람'이라고 나 스스로를 정의내리기 시작하니 정말 그렇게 되었다.

지금의 나는 새로운 환경이 주어지면 설렌다. 얼마나 좋은 사람을 더 많이 만나게 될까? 얼마나 더 운이 좋아질까? 기대된다. 내가 정의내린 모습대로 정말 변해가고 있었다. 내가 어떤 사람이 되고 싶다면 반드시 먼저 해야 할 일은 스스로를 그런 사람으로 정의내리는 것이다.

좋은 사람이 되고 싶다면, 좋은 사람이 무엇인지에 대한 정의부터 내려보자. 그 좋은 사람이 내가 먼저 되어보자. 분명한 사실은 내가 좋은 사람이 되면, 결국 내 주변에는 좋은 사람들로 가득 차게 된다는 점이다. 좋은 사람에게는 운도 따른다. 부도 따른다.

사람들이 나를 즉시 좋아하게 만드는 법은 항상 다른 사람으로 하여금 자신이 중요하다는 느낌이 들게 하는 것이다. 우리는 늘 누군가에게 대단한 존재이길 원한다. 동시에 대접받기를 원한다. 하지만 정작 남을 그렇게 대하는 사람은 많지 않다. 누군가 나를 좋아하게 만들고 싶다면 이것만큼은 기억하자. 항상 다른 사람으로 하여금 자신이 중요하다는 느낌이 들게 하는 것, 내가 대접받고자 하는 대로 남에게 대접하는 것. 이것이야말로 부자가 되는 데 가장 핵심일 것이다.

부자들이 갖춘
어떤 사고방식

세상은 빠르게 변화하고 있다. 누군가는 변화에 적응하고, 누군가는 적응하지 못해 도태된다.

16년 전, 은행에 처음 입사했을 때는 스마트폰이 보급되지 않았다. 은행에 가지 않고 돈을 송금할 수 있는 방법은 전화를 걸어서 하는 '텔레뱅킹'뿐이었다. 그러다 불과 몇 년 사이에 시대가 바뀌었다.

지금은 스마트폰으로 송금, 예금, 대출까지 많은 업무를 처리할 수 있다. 무인 매장, 키오스크, 비대면 업무 등 사람을 만나서 하는 일보다 사람을 직접 만나지 않고 하는 일이

매일 돈 버는 사람들

더 많아졌다. 빠르게 시대가 변하는 만큼 재빠르게 배우지 않으면 뒤처지고 만다. 요즘 시대는 가속도가 붙을 대로 붙어서 너무 빠른 속도로 달리고 있다. 우리는 어떻게 살아야 할까?

세상이 빠르게 변하는 변화를 바꿀 수 없다면 바꿔야 하는 것은 나의 태도뿐이다. 어떤 일을 보고 우리는 이렇게 두 가지 마음이 생길 수 있다.

부정적 마음: '내가 해서 되겠어?'
긍정적 마음: '난 뭐든 할 수 있을 거야.'

부정적 마음: '나이가 들어서 배우기 힘들겠네.'
긍정적 마음: '나이는 숫자에 불과해. 배울 수 있어.'

생각의 차이는 태도의 차이를 만든다. 행운과 불운을 가르는 단초가 된다. 그 작은 태도의 차이가 때로는 자존감, 자기효능감까지 높아지게 하거나 낮아지게 한다.

아직도 성장하려는
80대로부터 배운 것

내 고객 중에 새로운 금융 상품이 나오면 스마트폰으로 먼저 가입하는 고객, 희철 씨가 계셨다. 그분의 연세는 80대였다. 적지 않은 나이었지만 누구보다 새로운 것을 빠르게 받아들였다. 희철 씨는 젊은 사람들도 읽기 꺼려하는 작은 글씨로 쓰인 상품 설명서도 기꺼이 스스로 읽었다. 얼굴에는 늘 활기가 가득했고, 세상은 배울 것으로 가득차 있다는 듯한 표정으로 눈을 반짝였다.

인생을 살아가는 데는 두 가지 태도가 있다. 바로 '성장형 사고방식'과 '고정형 사고방식'이다. 성장형 사고방식은 늘 배우고 성장하기를 바라는 마음이다. 고정형 사고방식은 '나는 이미 이런 사람이야'라고 스스로를 한계에 가두는 생각법이다. 대부분의 사람이 성장형보다는 고정형 사고방식으로 살아간다. '이 나이에 한다고 되겠어?'라며 시도조차 하지 않고 부정의 말로 자신을 한계에 가둔다.

'난 이미 나이 들어서 안 돼'라거나 '이 나이에 뭘 하겠어'

와 같은 고정형 사고방식을 그분께는 찾아볼 수 없었다. 계속 배우고 성장해야겠다는 마음이 가득했기에 걸음걸이부터, 목소리까지 모든 것이 달랐다. 새로운 상품, 새로운 뉴스, 새로운 소식에 항상 귀를 기울이는 분이셨다.

배움에 대한 자세는 인생을 어떠한 태도로 대하는지 여실히 보여준다. 그 고객이 나이에 얽매여 자신의 삶을 제한하지 않고 죽을 때까지 배워야겠다는 태도는 나에게 오랜 여운을 남겨주었다.

우리는 초등학교, 중학교, 고등학교, 대학교까지 총 16년이라는 기간 동안 배운다. 그런데 배우기를 즐겨하는 사람보다는 해야 하니까 의무로 배우는 사람이 대부분이다. 그 기간 동안 어찌나 치열하게 공부했는지 많은 사람들이 대학 졸업과 동시에 배움을 놓아버린다. 회사에 취업하고 일하기 위해서 배우기는 하지만 배움의 진짜 의미를 찾는 사람은 많지 않다.

교육기관에서 배운 모든 것은 우리가 최소한으로 알아야 할 지식이라면 사회에 나와 배우는 것은 진짜 나를 위한 삶의 지혜가 된다. 그렇기에 관계를 맺는 법, 삶의 의미를 찾는 법, 좋은 태도를 유지하는 법 등 공교육에서 가르쳐주지 않는 배움이 필요하다.

배우려고 노력하지 않으면 평생 알지 못한다. 그래서 누군가는 나이가 들어서도 대인관계 문제를 겪고, 여러 인생의 문제에서 자유로워지지 못하는 것이다. 배움의 통로는 다양하다. 사람, 책, 돈, 시간을 통해서 배우기도 한다.

인생의 태도와 더불어 인생의 의미도 스스로 찾을 필요가 있다. 《죽음의 수용소》라는 책은 빅터 프랭클이라는 의사가 썼다. 그는 제2차 세계대전 당시 유대인이라는 이유로 아우슈비츠라는 강제수용소에 수용된다. 함께 수용되었던 동료들은 대부분 죽음을 맞이했으나 빅터 프랭클은 살아 나오게 된다. 그를 살아날 수 있게 해주었던 단 하나는, '의미를 찾는 것'이었다. 극한 상황에서도 자신의 상황에 의미를 부여함으로서 그가 살아가야 할 이유를 찾았다.

삶의 의미는 누군가 부여해주지 않는다. 스스로 부여하는 것이다. 누군가는 자신의 하루를 배우며 충만하게 살아간다. 또 다른 누군가는 오늘도 내일도 똑같은 하루를 흘려보낸다. 성장형 사고방식과 고정형 사고방식 중에서 무엇을 선택할 것인가? 자신의 모든 것의 한계를 두면서 인생이라는 여정에서 제한된 삶을 살 것인가?

우리 모두는 돈 걱정 없이 살기를 원한다. 풍요롭고 행복하게 살기를 원한다. 하지만 불행하게도 모두에게 그런 행운은 찾아오지 않는다. 누군가는 평생 돈 걱정에 시달린다. 누군가는 평생 돈 걱정 없이 살아간다.

불행과 행복은 돈에 국한되지 않는다. 같은 상황, 같은 조건에서 누군가는 감사함을 느끼지만, 누군가는 불행을 먼저 찾는다. 각자가 가진 돈과 살아가는 이유도, 방식도 다르지만 자신의 삶에서 스스로 의미를 찾는 사람이야말로 진짜 행복을 찾을 수 있는 사람이다.

사람의 마음을
읽는다는 것

직장인들 사이에 이런 말이 있다.

"어차피 일은 다 힘들어. 일은 원래 힘든데 그보다 더 힘든 것이 있어. 함께 일하는 동료와 맞지 않는 것, 그건 정말 힘든 일이야."

은행원은 꽤 많은 사람을 만나는데 대부분이 고객 또는 동료이다. 고객은 대부분 일회성으로 스쳐가지만, 동료는 다르다. 가족보다 더 많이 보는 관계가 바로 직장동료다. 다들 똑같이 하는 말은 일이 힘들면 어떻게든 버티지만 사람이 힘들면 버티지 못한다고 한다.

직장에서 동료는 정말 중요하다. 내 옆에 어떤 동료가 있느냐에 따라 업무 효율도 달라지고, 분위기도 달라진다. 효율과 분위기는 한 세트라고 볼 수 있는데 회사 내 분위기가 좋지 않은데 좋은 성과가 나오긴 힘들다. 즉, 동료와의 관계가 좋아야 업무 성과도 높게 나오는 편이 대부분이다.

타인에게 관심을
가져야 하는 이유

동료와 잘 지내는 방법은 무엇일까? 16년 동안 수많은 지점에서 수많은 직원과 근무하면서 느낀 동료와 잘 지내는 법은 딱 하나다.

'타인에게 관심 갖기.'

우리에게 지구 반대편의 재난보다 지금 내 손가락에 박힌 가시가 더 큰 문제가 아닐까? 우리는 다른 누구보다 나 자신에게 관심이 가장 많다. 반대로 나와 관련되지 않으면 쉽게 관심을 주지 않는다.

수많은 사람이 있는 파티에서 누군가 조그맣게 내 이름을 이야기하면 귀가 쫑긋해진다. 단체 사진을 찍을 때 가장 먼저 눈에 들어오는 것도 내 얼굴이다. 남에게 보이는 얼굴을 위해 가장 많이 노력하는 것도 같은 이치다. 우리는 모두 남보다 나에게 더 많은 관심을 갖는다.

서울의 모 시장 앞에 위치한 지점에서 근무한 적이 있다. 내점 고객 대부분이 시장 근처의 상인들이었다. 그중에 매일 수금한 돈을 입금하러 오시는 50대 약사님이 계셨다. 단순 입금 업무였지만, 늘 웃으며 직원들에게 관심의 질문을 던지셨다.

"오늘은 고객이 별로 없네요."

"식사하셨어요?"

"금요일이라 좋으시겠네요."

사람과 사람의 관계는 시간이 전부가 아니다. 누군가는 오래 함께하면 관계가 깊어진다고 생각하지만, 일 년을 보아도 어색한 사람이 있다. 누군가는 한 달만 함께 일했는데도 관계가 깊어지기도 한다. 그 약사님은 처음 봤을 때부터 친근한 마음이 들었다.

약사님은 매일 오후 3시경 은행을 방문했다. 단순 입금 업무였지만 동전을 잘 세어야 하고, 여러 지폐 권종과 수표가 섞여 있기에 시재를 틀리지 않도록 정신을 바짝 차려야 했다. 그 시간은 늘 가장 힘든 시간이었지만 약사님의 평온한 얼굴을 보면 알 수 없는 힘이 나곤 했다.

어느 날, 나는 몸살감기 때문에 몸이 너무 아파서 몸을 겨우 의자에 앉혀놓고 일하던 중이었다. 오후 3시가 되었고 평소처럼 약사님이 왔다.

"얼굴이 왜 그래요?"

몸살감기가 심하게 왔다고 말하곤 돈을 계수기 위에 올려두었다. 아프면 쉬어야 하지만 어디 아플 때 마음 편히 쉴 수 있는가. 업무를 마치고 고객은 돌아갔다. 잠시 뒤에 약사님이 다시 들어오더니 약을 건넸다.

"이 알약이랑 이거 같이 마셔 봐요. 효과가 좋아."

순간, 눈물이 왈칵 쏟아졌다. 일반적으로 직원과 고객의 관계는 일시적이다. 은행 직원들은 주기적으로 정기발령이 나기 때문에 친해질 만하면, 떠난다고 단골 고객들은 말한다. 나도 곧 발령이 날 예정이었다. 약사님은 나에게 굳이 친절을 베풀지 않아도 되었다. 하지만 약사님은 지금 당장 자신 앞에 있는 직원이 아파하는 모습을 보고, 효과가 가장 좋은 약을 챙겨 오셨다.

이 일은 10년이 더 지난 일이다. 하지만 지금도 그 순간의 장면이 필름처럼 스쳐간다. 약사님에게 배운 배려로 야근을 하는 직원을 보면 나는 퇴근을 했다가도, 김밥을 사서 지점으로 돌아가 직원에게 건네곤 했다. 그 직원도 생각지도 못한 김밥에 감동하며 놀란 표정을 지었다. 배려도 학습이고, 누군가에게 배운 배려는 주변에 전파되곤 한다.

마음이 있는 곳에
길이 있다

기본적인 사람의 심리만 이해한다면, 누군가를 이해하는 것이 쉬워진다. 대화할 때도 상대방의 관점에서 생각하고 말하면 된다. 상대방의 요즘 고민은 뭘까? 상대방이 지금 힘들어하는 점은 뭘까? 상대방의 지금 최대의 관심사는 뭘까? 상대방은 무슨 이야기를 하고 싶을까?

투자 역시 상대의 마음, 심리를 읽는 일이다. 주식을 할 때, 부동산을 살 때, 돈이 어디로 몰리는지 알려면 사람들의 마음을 알아야 한다. 이 심리를 파악하면 돈이 있는 곳을 찾을 수 있다.

또한 사람과의 관계가 풀리면 운도 풀린다. 관계를 푸는 쉬운 길은 어떤 큰 사건보다 일상에서의 사소한 배려다. 어떤 사람에게든지 작은 노력을 보이면 반드시 그 사람은 베푼 노력에 감응하게 된다. 그 노력은 좋은 사람을 곁에 두게 한다.

사람은 누구나 은혜를 보답하길 원한다. 내가 이야기를 들어준 일을 기억하고 내가 어려운 일이 있을 때 나의 이야기를 들어주려 한다. 내가 받고 싶은 것이 있다면, 상대방에게 그대로 한다.

상대가 좋아하는 것을 해주는 것, 원하는 것을 주는 것, 상대에게 친절한 것, 모두 배려의 일종이다. 직장은 돈을 버는 곳이기도 하지만 '사람을 버는 곳'이기도 하다. 직장에서 뿐만 아니라 어디서든 마찬가지다. 상대방이 바라는 일, 그 것이 어려운 일이 아니라면 나는 기꺼이 한다. 그렇게 베푼 작은 친절들은 언제 어디서든 나에게 다시 돌아오기 마련이 다. 모두에게 친절하자. 그 모든 것이 나에게 언젠가는 좋은 일로 돌아온다.

즐겁게 일하고
운을 기다린다

　　나의 한 친구는 꿈이 은행원이었다. 대학 입학 때부터 은행 취업을 목표로 학과를 정했고, 자격증을 준비했다. 어느 날, 나는 친구에게 물었다.

　　"왜 은행원이 되고 싶은 거야?"

　　꿈이 없던 난 정말 궁금했다. 나에겐 꿈이란 막연했는데, 확고한 눈빛으로 은행원이 된다고 말하는 친구의 생각이 궁금해졌다.

　　친구의 답변은 의외였다.

"은행원은 돈을 많이 벌잖아."

친구의 답변을 듣고서야 은행원이 돈을 많이 버는지 알았다. 몇 년 뒤, 친구는 그토록 원하던 은행원이 되었다. 1년 뒤, 나도 은행원이 되었다. 은행에서 근무하면서 은행원이 돈을 많이 버는 이유도 알게 되었다.

은행원의
서비스

은행은 돈을 가진 사람의 돈을 맡아주며 그에 대한 예금이자를 주고, 돈이 필요한 사람에게 다시 그 돈을 빌려주면서 대출이자를 받는다. 그 예금이자와 대출이자의 차이로 돈을 버는 곳이 금융기관이다. 그렇게 벌어들이는 수익은 회사의 수익이기도 하지만 직원의 연봉이 되기도 하고, 보너스가 되기도 한다. 그래서 매년 연말이면 금융권의 '성과금 잔치' 이야기로 뉴스가 도배되는 것이다.

실제로 은행에서 일을 해보니 은행원의 연봉이 높은 이유에는 수많은 고객을 응대해야 하는 서비스인 CSCustomer

Service가 포함되었기 때문이었다.

나는 20살 때부터 서비스직에서 아르바이트를 하면서 많은 사람을 상대하고 만났다. 고객 응대는 자신 있다고 생각했다. 그런데 금융권에서 근무하면서는 이전에는 미처 만나보지 못했던 다양한 사람을 만났다.

은행원들은 교대로 식사를 한다. 그래서 점심시간에는 몇 개의 창구가 비워져 있다. 직원은 적은데 고객은 그대로이니 당연히 대기시간이 길어질 수밖에 없다.

어느 날, 점심시간이었다. 오래 기다렸다는 이유로 호통을 치는 고객을 만나게 되었다. 주변 사람은 고려하지 않은 채 한참을 소리치며 무례하게 굴었다.

"이 업무 하나 하려고 대체 얼마를 기다렸는지 알아?"

할 수 있는 일은 고객에게 "죄송합니다"라는 말을 앵무새처럼 반복할 뿐이었다. 어떻게 시간이 흘렀는지 모르게 일 처리를 마무리하고 다음 고객을 호번했다. 뒤에서 그 상황을 다 보시던 다음 고객 분이 물으셨다.

"이런 일을 겪고 대체 어떻게 참으세요? 저라면 못 참았을 거예요."

세상에는 다양한 사람이 존재한다. 누군가는 무례하고, 누군가는 친절하다. 누군가는 화를 내고, 누군가는 감사해 한다. 은행에서 일하면서 어느 날 어떤 고객을 만날지 내가 선택할 수 없으니, 해야 할 것은 내 마음을 돌보는 일이었다. 타인을 바꿀 수 없으니 그들의 감정에 내가 상처받지 않는 것을 배워야만 했다.

아무리 감정이 상할지라도 그 감정을 스스로 컨트롤하며 새로운 고객을 응대해야 한다. 단순 응대뿐만 아니라 권유해야 하는 상품이나 고객이 원하는 상품을 안내해야 한다.

세상에 공짜는 없다. 이 말을 항상 기억한다. 그리고 바꿀 수 없는 상황에서 할 수 있는 것은, 상황을 바꾸는 것이 아니라 마음을 바꾸는 것이다. 근무하면서 마주하는 이런저런 일을 하며 마음이 강해지는 훈련을 한다.

은행원은 고객 응대, 영업, 실적, 정확한 업무처리, 금융 지식 등등 요구되는 것이 많은 직업이다. 무엇이든 장점만 있지도, 단점만 있지도 않다. 세상 모든 일에는 장점과 단점이 존재한다. 직업에서도 마찬가지다.

《장사의 신》에는 '가게를 만들 때 어떤 가게를 해야 잘될지 생각하지 말고, 어떤 가게를 해야 내가 진심으로 즐거울지 생각하라'는 말이 나온다. 그래야 지치지 않고 가게를 오래 할 수 있다는 뜻이다.

즐겁게 일한다는 의미는 무엇일까? 어떤 일을 하든 내가 지금 하고 있는 일을 가장 즐겁게 해내는 자세, 그 자세야말로 모든 일에 반드시 필요하다. 우리가 하는 모든 일에는 그 나름의 고충, 애환, 보람, 기쁨이 존재하기에.

끊임 없는 성장,
끊임 없는 돈줄

한때 돈을 많이 벌어서 아무 일도 하지 말아야겠다고 생각했다. 나에게 일이란 오직 돈 벌이의 수단이었다. 근무하며 만난 부자들을 보며 이런 생각도 들었다.

'부자인데 왜 계속 일할까? 나라면 일 안하고 놀고먹으며 살텐데.'

시간이 흐른 뒤 알게 되었다. 누군가에게 일은 고통이 아니라 삶이자 놀이였다. 일은 단순히 돈을 버는 수단만이 아니었다. 일은 때로는 내가 존재하는 이유가 되기도 하고, 때로는 즐거운 유희와도 같은 것이 된다.

　우리는 일을 하며 나라는 존재를 찾아간다. 힘든 업무를 맡게 되었을 때 "왜 하필 저한테 이런 일이 벌어졌을까요?"라고 말하는 직원을 보았다. 만약 여러분이 힘든 일을 맡았다면 나의 운을 탓하는 것이 아니라 자신의 능력치가 그만큼 높아지는 중이라고 여기면 좋겠다.

　우리를 성장시키는 것은 해보지 않은 일, 조금은 어려운 과업일 것이다. 힘든 업무를 하며 자신의 능력치를 높이는 과정을 배울 수 있게 된다. 이렇게 생각하는 연습을 한다면 일을 하며, 나와 일이 함께 성장하는 기회가 될 것이다. 직장에서 일하는 동안, 인간관계, 말하는 법, 보고서 작성하는 법 등 배울 수 있는 것은 무수히도 많다. 분명 어느 정도 시간이 지나면 내 업무를 잘 배워서 세상에 나눌 수 있는 삶을 살고 싶다는 마음을 가질 것이다.

돈 걱정 없이
자유롭게 사는 법

_ 모두를 위한 부의 비밀

3040대
영끌족에게

2024년 뉴스에 이런 헤드라인이 많다.

주담대 금리 7퍼센트 돌파, 영끌족 어쩌나.

고금리 지속 예정.

영끌족 매물 출회 예정.

영끌족은 저축 대신 빚을 갚는다. 매달 100만 원씩 저축하는 대신, 대출 이자를 갚아나간다. 이들이 이렇게 했던 이유는 자산 가격의 상승이 더 클 것이라는 확신이 있기 때문이었다. 그런데 세계 경제가 휘청거리며 금리 상황은 바뀌었다. 누구도 금리가 이렇게 급격하게 오를 줄은, 자산 가격이 많게는 30퍼센트까지 폭락할 줄은 예측하지 못했다.

좋은 빚과
나쁜 빚

대출은 레버리지의 일종이다. 자산을 더욱 빠르게 불릴 수 있게 해주는 수단이 되기도 하며, 지금과 같은 시기에는 생활을 위협하기도 한다.

빚에는 좋은 빚과 나쁜 빚이 있다. 자동차 할부, 카드값, 리볼빙과 같은 빚은 나쁜 빚이다. 돈을 벌어다주는 빚이 아니라, 가난해지게 만들기 때문이다.

반대로 자산을 사기 위해 끌어 쓴 빚은 좋은 빚에 속한다. 매년 겪게 될 화폐가치 하락으로 인한 자산 가격 상승을 헤지Hedge 즉, 위험자산의 가격 변동을 제거하는 수단이 되기 때문이다. 좋은 빚인 자산을 사기 위한 대출이 왜 문제가 될까?

자산 가격이 폭락하는 시기 때문이다. 집값이 오를 때는 대출 이자는 문제가 되지 않는다. 집값이 오르는 속도가 부담해야 하는 대출 이자보다 더 빠르고 크기 때문이다. 오히려 더 많은 레버리지를 끌어 쓰지 못해서 안타까워한다. 매도하고 손에 쥐기 전까진 사실상 '사이버 머니'인데도 말이다.

자산 가격의 폭락 시기를 겪고 나서야 비로소 대출은 족쇄가 된다. 자산 가격은 하락하는데, 대출 이자 부담까지 이 시기의 공포는 겪어보지 못하면 모른다.

지금 젊은 세대는 저축보다 빚을 먼저 안고 시작한다. 옛말에 '빚지면 발 뻗고 못 잔다'라는 말이 있지만, 요즘에는 빚지는 일이 잘못되었다고 생각하지 않는다. 오히려 수많은 정보들을 직접 찾아보고, 공부하고, 부자가 되기 위해 투자라는 방법을 선택한 사람들에게 박수를 쳐주고 싶다. 대출 이자를 부담할 능력만 된다면, 레버리지를 깨닫는 것과 아닌 것의 차이는 결국 부자와 빈자를 결정짓는 핵심 원리라고 생각한다.

대출은 값진
경험이다

사회생활을 이제 막 시작하였고, 이런 시기를 직접 경험한 사람들은 아마 돈 주고도 살 수 없는 경험을 했을 것이다. 레버리지의 무서움도 알게 되었을 것이다. 부자가 되기 위한 그릇을 키운다는 의미도 어렴풋이 이해했을 것이다. 적어도 아무런 행동도 취하지 않고 방관한 사람보다는 더 많은 경험을 쌓았을 것이다. 이 경험은 산지식이 되어 부를 이룰 수 있게 해주는 밑거름이 될 것이다.

'영끌족의 몰락'이라는 참담한 단어보다는 희망을 줄 수 있는 단어를 쓰는 사람들이 많아지면 좋겠다. 조금 더 잘살고자 했던 행동들이 부디 잘못된 것이 아님을 알려주는 사람이 많아지기를 바란다.

자본주의 사회에서 자산을 불리는 일을 모른 채 살아가는 것이야말로 진짜 위험이다. 큰 부자는 아니더라도 노후에 자녀들에게 손 벌리지 않을 정도의 경제적 여건을 갖춘 사람이 되기 위한 노력은 값지다.

자산가가 되는
지름길

어느 해는 병원에 갈 일이 잦았다. 몸 여기저기가 아파서 병원을 자주 방문했다.

어느 날, 접수처에서 접수를 하고 호명이 되기까지 기다렸다. 화면에 내 이름이 뜨고 난 뒤, 원장실에 들어가기 위해 노크를 했다. 문을 열고 들어가니 의사 선생님이 피로한 얼굴로 인사를 건넸다. 애써 밝은 표정으로 진찰을 하는 모습에 같은 노동자로서 연민을 느꼈다.

대개 의사, 변호사, 판사 등 사짜 출신이 돈을 많이 번다고 한다. 공부를 열심히 해서 그런 전문 직업을 가지는 일이

학창 시절의 큰 바람이었다. 그리고 그런 직업을 가진 친구들을 보며 흔히들 성공했다고 생각했다.

하지만 모두 일을 하며 돈을 버는 근로소득자이고, 액수에 차이가 있을 뿐 노동이라는 대가를 제공하지 않는 순간, 수입이 끊기는 사실은 동일하다. 그 사실을 인지하고 난 뒤, 더 좋은 학벌, 자격증이 문제가 아니라, 내가 일하지 않아도 돈을 벌어다주는 자본구조를 만들어야겠다고 깨달았다.

근로소득 이외
키워야 할 것

은행에서 근무하다 보면 전문직에 종사하는 사람들을 종종 만난다. 연봉이 3억 원 이상인 사람들도 무조건 돈이 많은 부자는 아니었다. 고연봉자인 의사임에도 파산을 하는 고객이나, 대출이자 연체를 하는 고객이 있었다. 그래서 지금은 근로소득과 자본소득을 함께 일궈나가는 사람들이 진짜 부자라고 생각한다.

과거 근무하던 지점에 매일 직접 돈을 입금하러 오는 원장님이 계셨다. 정형외과였는데 이 원장님은 연소득이 5억 원 이상이었다. 다른 의사와 다른 점이었다면 자가 건물에서 병원을 운영했다는 것이다. 사업소득과 본인 소유 건물에서 발생하는 임대소득까지 있었기에 돈 걱정에서 자유로워보였다. 의사라고 무조건 부자가 아니라, 의사이면서 자본소득까지 함께 갖춘다면 돈을 버는 속도에 가속도가 붙게 되고 비로소 부자가 된다.

근로소득만 있는 전문직은 월급쟁이와 다를 바 없다. 시간과 돈을 교환하는 점에서 같다. 시간의 단가만 차이가 날 뿐, 내 시간이 투입되지 않으면 소득을 기대하기 힘들다.

지금까지 직장생활을 하며 느낀 점이 있다. 모든 근로소득은 생계를 위한 돈벌이기도 하지만, 나라는 사람의 존재 의미라는 사실이다.

그리고 근로소득은 어느 시점에는 한계에 다다른다. 우리가 늙거나 아프거나 한 시점이다. 우리의 신체는 노화되고 많은 것이 기계에 대체되고 있다. 근로소득이 없어졌을 때를 대비하지 않는다면, 우리는 평생 돈 걱정에서 벗어날 수 없게 된다. 즉, 소중한 월급을 단순히 저축만 할 것이 아니라 자산으로 바꿔서 자산 증식을 가속화해야 한다.

이것을 깨닫고 난 뒤 부동산, 사업과 같은 내가 노동하지 않아도 돈을 벌어다 주는 것을 공부하기 시작했다. 첫째로 부동산 투자부터 했다. 한 채를 투자할 때는 너무나 두려웠다. 5,000만 원이라는 돈은 결코 작은 돈이 아니었다. 두려움을 극복하니 돈이 벌렸다. 두 채씩 재투자를 해나갔다.

그 시기에는 부동산 투자 외에 다른 것들은 우선순위가 되지 않았다. 몇 년에 걸친 투자로 돈을 벌고 난 뒤에 깨달았다.

'투자와 사업을 함께 병행했다면 또 다른 결과를 가져왔겠구나.'

돈의 속성
깨닫기

그 뒤로 사업을 공부하기 시작했다. 직장에서 주는 월급이 아니라 스스로 돈을 벌어보는 과정을 하나둘씩 경험해나갔다. 그리고 알게 되었다. 회사 밖에서 단 돈 1원이라도 벌어보는 경험이 얼마나 소중한 것인지를. 직장에서 받는 연봉이 나 자신의 가치라는 생각은 착각이었다. 직장이라는 타이틀을 떼고 돈을 벌어보면 내 진짜 능력이 어느 정도인지 객관적으로 알게 된다.

몇 년 동안 돈 공부를 하며 내 꿈은 180도 바뀌었다. 이전에 '어떻게 하면 연봉을 더 높일까? 연봉을 높여서 이직을 할까? 어떻게 하면 월급을 올릴까?'라며 고소득의 노동자가 되려고 했던 마음은 이제 없다. 스스로 가치를 제공하고 돈을 벌어들이는 자본가가 되어야겠다는 마음만 가득하다. 그리고 그것을 실제로 실행하고 있다.

만약에 돈의 속성을 조금 더 일찍 깨달았더라면 어땠을까? 후회해도 바뀌는 것은 없다. 우선 일상을 바꾼다. 조금 더 일찍 일어나고, 배우고 싶은 분야 책 읽고, 매일 조금씩 글을 쓰고, 사람들과 내가 아는 것 나눈다. 여러분이 지금 당장 할 수 있는 일은 무엇인가?

스티브 잡스는 생전에 이런 말을 했다.

"내가 살고 있는 지금 이 세상의 대부분의 것들이 나보다 못한 사람이 만든 것이다."

정말 그럴지도 모른다. 학교, 성적, 취업, 연봉과 같은 것들이 어쩌면 누군가가 정해놓은 기준이다. 그들이 정해놓은 기준을 한없이 쫓아가면 어느 순간, 나는 어디에 있는지 주변을 돌아보는 시기가 온다. 그것을 나는 뒤늦게 깨달았지만, 나보다 더 일찍 깨닫는 데 도움을 줄 수 있다면 내가 기꺼이 그 역할을 자처하려 한다. 그래서 나는 오늘도 내가 배운 것을 글로 나눈다.

대출이 처음인
사람을 위한 조언

　　어릴 때만 해도 대출은 무서운 것, 대출은 쓰면 안 되는 것이라는 인식이 있었다. 특히 어른들은 '빚지면 큰일난다' 또는 '대출은 빨리 갚아야 한다'라는 생각이 팽배했다. 하지만 요즘은 대출을 현명하게 활용한다면 자산을 빠르게 증식시킬 수 있다. 만약 대출이 처음이라면, 대출을 받기 전에 고려해야 할 부분들에 대해 이야기해보고자 한다.

1) 자금 용도를 명확히 밝힐 것

　　금융기관에서 대출을 받을 때 꼭 필요한 것이 자금 용도이다. 즉, 대출금이 쓰일 목적이 중요하다.

모든 돈에는 쓰임이 있다. 어떤 돈은 주택을 구입하는데 쓰일 돈, 어떤 돈은 전세를 구할 때 쓰일 돈, 어떤 돈은 사업할 때 쓰일 돈, 어떤 돈은 긴급하게 생활비로 쓰일 돈처럼 그 쓰임이 다르다. 쓰임에 따라 한도와 금리가 결정된다.

대출을 받으러 은행에 갈 때 "저 신용대출 받으려고요"라고 말하기보다는 '돈이 왜 필요한지 대출을 받는 목적'부터 밝혀야 한다. 자금 용도에 따라서 내가 받는 대출이 달라지기 때문이다. 마치 감기에 걸렸을 땐 감기약, 관절이 아플 땐 관절약을 처방받는 것과 같은 이치다.

집을 살 때는 주택담보 대출, 전세를 구할 때는 전세자금 대출, 그 외에 개인적인 목적으로 필요한 자금은 신용대출을 받는다.

근무하면서 만났던 고객 중 전세보증금이 약간 부족해서 신용대출을 받아서 전세보증금을 충당하려는 사례를 보았다. 하지만 전세대출을 활용하면 더 낮은 금리로 대출을 이용할 수 있다.

우리가 이용하는 담보대출, 전세대출, 신용대출 중에 금리가 가장 비싼 것이 바로 신용대출이다. 전세자금 대출을 받았더라면 낮은 금리로 대출을 활용할 수 있는데 굳이 신용대출을 받아서 고금리의 이자를 부담할 필요는 없다.

대출을 받으러 은행에 방문했을 때 내가 돈이 왜 필요한지 대출을 받는 목적부터 밝히는 것이 중요한 이유다. "저 대출 받으려고요"가 아니라 "저 전셋집 구하는데 대출을 받으려고요"라고 말해야 나에게 유리한 대출을 받는다. 대출을 받는다는 행위는 같지만, 그 앞에 이유에 따라 내가 받는 대출의 한도와 금리가 달라진다.

그렇다면 왜 신용대출 금리가 가장 비쌀까? 바로 담보가 없기 때문이다. 주택담보대출은 집을 담보로, 전세대출은 보증기관의 보증서를 담보로 대출을 한다. 신용대출은 어떠한 담보도 없이 한 사람의 직장과 연봉 상태를 보고 대출을 해주기 때문에 그만큼 채권 회수에 대한 리스크가 높다. 그렇기 때문에 다른 대출에 비해 금리가 비싸다. 신용대출은 금리가 높을뿐더러 DSR 산정시에도 불리하게 적용이 된다.

주택담보대출은 상환기간이 보통 40년이다. 이 말은 대출금을 40년 동안 갚는다고 계산하여 연간 원리금 상환금액을 계산하는 것이다. 만기가 길어지니 매달 내야 하는 원리금도 줄어든다. 신용대출은 DSR 산정 시 만기를 5년 만기로 보고 계산한다.

내 대출금을 5년으로 나누어 원리금 상환액을 계산한다. 결론적으로 신용대출은 DSR 산정 시 한도를 많이 차지하기 때문에 다른 대출을 받을 때에도 불리하게 적용이 된다. 그래서 대출을 받을 때 순서도 중요하다. 내가 진짜 필요한 대출이 담보대출이라면 신용대출보다 담보대출부터 받아야 한도를 더 많이 받을 수 있다.

2) 금융 기관을 비교할 것

두 번째 이야기하고 싶은 점은 대출받을 때 좋은 조건의 금융기관을 비교해보고 선택해야 한다는 것이다. 보통 주거래 은행이 유리하다는데 그 말이 사실일 수도, 아닐 수도 있다. 인터넷을 검색해보면 기본적인 대출 금리는 나오지만, 부수 거래나 은행 실적에 따라 금리를 감면해주는 부분이 있기 때문에 금리는 천차만별이 된다.

시기마다 특판 상품을 출시하는 금융기관이 있다. 그때를 제외하고는 일반적으로 첫 번째는 인터넷 은행, 두 번째는 주거래 은행을 추천한다. 인터넷 은행 먼저 알아봐야 하는 이유는 바로 금리 때문이다.

대출 금리 안에는 기준금리와 가산금리가 있다. 기준금리는 고시되는 금리이다. 그래서 기준금리라고 검색만 해봐도 바로 알 수 있다. 모두가 알 수 있는 금리인 것이다. 문제는 가산금리이다. 가산금리는 굉장히 많은 항목들로 구성된다. 가산금리 안에는 업무원가와 같은 비용들이 포함된다. 그런데 인터넷 은행은 일단 영업점이 없으니 비용을 낮출 수 있어서 상대적으로 금리가 저렴하다.

또한 인터넷 은행은 중도상환 수수료가 없는 경우가 많다. 인터넷 은행은 시간을 아낄 수 있다는 점도 가장 큰 장점이다. 오프라인 은행에서 대출을 받기 위해서는 신청할 때, 승인이 나면 약정서 작성을 하러 가야 한다. 최소한 두 번 이상은 방문해야 하는 것이지만 인터넷 은행은 방문 시간을 단축할 수 있다. 시간이 돈인 세상에 살고 있기에 시간을 아낄 수 있다는 것만으로도 인터넷 은행을 추천한다.

단, 인터넷 은행은 조건이 조금 까다로운 편이다. 신고 되는 소득이 있어야만 가능하다. 이제 막 사업을 시작했거나 작년 소득 신고 소득이 너무 적거나 이런 경우는 인터넷 은행이 이용 불가능하고 시중은행에서 추정 소득으로 한도를 산정해서 대출을 받아야 하는 경우가 있다. 말 그대로 소득을 추정하는 것인데 상품에 따라서 작년도 신용카드 사용액 또는 건강보험료 3개월 납부한 내역 등으로 소득을 산정한다. 정리하자면, 증빙되는 소득이 있다면 인터넷 은행을, 소득 입증이 어렵다면 주거래 은행을 간다.

3) 상환 능력을 고려할 것

마지막으로 하고 싶은 이야기는 대출받을 때 상환 능력을 고려해야 한다는 점이다. 내가 받는 대출금의 원리금 상환액을 반드시 계산해보고, 매월 수입에서 이 원리금을 상환할 능력이 충분히 되는지부터 먼저 검토할 필요가 있다. 일반적으로 신용대출은 이자만 수납하고, 만기 때 원금을 갚는 방식이다.

신용대출의 만기는 1년이며 최장 10년까지 연장이 가능하다. 주택담보대출은 원금균등상환, 원리금균등상환 둘 중 선택이 가능하다. 신용대출은 이자만 내면 되지만, 주택담보대출은 원금을 함께 갚아야 하기 때문에 더 큰 부담이 된다. 즉, 수입을 뛰어넘는 금액을 상환해야 하는 좋은 대출이 아니라는 점을 기억한다. 대출을 받을 때는 반드시 나의 상환 능력을 고려해야 한다.

우리의 삶에는 갑작스런 실직, 휴직, 질병 등 예상하지 못한 많은 일이 일어난다. 통화량이 늘어나면서 화폐가치는 점점 하락한다. 그에 따라 우리가 보유한 대출의 가치도 점점 낮아질 것이다. 하지만, 그 대출금의 가치가 낮아질 때까지 충분히 기다릴 수 있는 시간과 부담해야 하는 원리금에 대한 대비가 되어 있어야만 한다.

대출 금리는 고정금리로 받기도 하지만 변동금리, 변동금리와 고정금리가 합해진 혼합금리도 있다. 지금 시기가 금리가 충분히 낮은 시기라면 고정금리로, 금리가 낮아질 추세에 있다면 변동금리로 받는 것이 좋다.

예측하지 못할 정도로 금리가 급격하게 오르는 시기도 존재한다. 즉, 어떤 상황에 내가 조절할 수 있는 것과 없는 것에 대한 고려를 충분히 한 뒤에 대출을 활용하길 바란다.

대출 받을 때
소득이 중요한 이유

요즘은 대출 상환하러 오는 고객이 많다. 금리가 많이 올라서 대출을 상환해도 내는 이자는 같거나 늘어났다고 힘들어 하는 고객의 이야기를 듣는다(2023년 기준).

3개월 변동금리로 대출을 쓰는 사람들은 체감하는 변동 폭이 더 클 텐데 3개월 전보다 CD 금리가 1퍼센트 가까이 상승했다. 대출을 하기도 하지만 나 역시 대출을 이용하는 차주이기에 변동금리로 받은 대출 이자 부담을 몸소 체감하고 있다. 고정금리로 받은 대출은 2퍼센트 대이고, 변동금리로 쓰는 담보대출은 4퍼센트 대 후반이다. 물론 신용대출의 금리는 더욱 높다.

당분간 금리는 지금의 추세를 이어갈 것이고 주식과 부동산은 더 어려울 것이다. 힘든 상황을 이겨내려고 애쓰기보다는 이 시간이 흘러가기 기다리면서 일상에 집중하는 것도 좋은 방법이다.

보유한 부동산의 계약 연장을 위해 임차인들과 연락을 하

는 경우가 있다. 전세금에 대한 협의를 하면, 연세가 많으신
분들은 이런 말을 하신다.

"순리대로 해야죠."

전세값이든, 매매값이든 내 의지대로 되지 않는다면 현재
의 상황에 맞게 순리대로 해야 한다. 늘 맑은 날만 있을 수
없듯이 때론 흐리고 때론 비도 온다. 우리의 인생도 그렇고
재테크도 마찬가지 아닐까.

보이는 소득과
보이지 않는 소득

　　대출 업무를 하면서 보이는 소득과 보이지 않
는 소득이 있다는 것을 알게 되었다.
　우선, 근로소득자는 월급을 받는다. 월급이라는 이름의
보이는 소득만 가지고 있다. 월급을 '받는 사람'인 직장인은
미리 세금을 떼고 급여를 받기에 별도로 세금을 신고할 필
요도 없다. 그래서 '유리 지갑'이라는 말이 있다. 나의 지갑

을 모두가 훤히 들여다보고 있다는 뜻이다. 근로소득자는 매년 연말정산으로 더 낸 세금을 돌려받거나, 덜 낸 세금을 더 내거나 할 뿐이다.

다음으로, 사업소득자는 보이는 소득과 보이지 않는 소득을 가지고 있다. 보이는 소득은 순수한 매출이다. 보이지 않는 소득은 경비를 제하고 난 뒤의 실제 소득이다. 보이지 않는 소득은 매출에 의해서가 아니라, 내가 어느 항목에 얼마의 경비를 사용했는지에 따라서 결정된다.

은행에 근무하면서 사업자들을 많이 만난다. 분명 건물주이고, 사업도 번창하지만 소득금액증명원상 소득금액은 평범한 직장인 월급만한 경우가 있다. 모든 일을 서류에 입증해서 처리하는 은행원의 입장에서는 보이는 소득이 전부라고 믿었다. 그렇기에 자영업을 하는 사람들 대부분은 소득이 적다고만 생각했다.

소득이 높을수록 더 많은 세금을 부담하는 우리나라의 세율구조에서 세금을 아끼기 위해서는 경비를 처리할 수 있는 것을 최대한 많이 모아서 실제 소득을 줄이곤 한다. 즉, 사업자들은 합법적인 범위 내에서 나의 세율을 낮출 수 있는 방법을 활용하곤 한다.

그렇게 보이는 소득과 보이지 않는 소득은 차이가 크다는 사실을 직간접적으로 알게 되었다. 신고 소득이 적어서 대출 한도가 나오지 않는다고 말하면, 세무사님이랑 상의해서 신고한 것이란 답변을 듣는다. 소득이 높아지면 세금도 많아지니 최대한 경비를 처리하고 합법적인 범위 내에서 절세한 것이다.

유리 지갑을 가진 직장인에게는 어떤 혜택이 있을까? 유리 지갑의 직장인에게 가장 큰 장점은 '대출'이다. 원천징수란 이름으로 소득을 내 의지대로 조절할 수 없으니 연봉이 높을수록 대출을 더 잘 활용할 수 있다.

직장인이란 신분은 신용대출 받을 때 가장 큰 장점으로 작용한다. 금융권에서는 직장인이 가장 안정적이라고 생각한다. 매월 정해진 날짜가 되면 따박따박 월급이 들어오기 때문이다. 세금을 제하고 받은 월급으로 카드값을 내고, 대출 이자를 낼 것이라 생각하고 연봉 이상의 대출을 해주기도 한다.

반면, 은행에서는 사업자를 불안정하다고 생각한다. 사업자는 연봉이 없다. 매출이 곧 소득이 된다. 매출이라는 것은 경기에 따라 많아지기도 하고, 적어지기도 한다. 그래서 사업자는 순수한 내 신용으로 대출을 받는 것이 쉽지 않다. 금융권에서 신용대출이라고 말하는 것의 '신용'은 '안정적인 현금흐름'을 의미하기도 한다.

간혹 만났던 고객들 중에 직장인이지만 퇴사를 앞둔 사람들을 만난다. 퇴사 전에 받을 수 있는 대출을 다 받아놓기도 한다. 퇴사 후에는 대출이 쉽지 않음을 알기 때문이다. 물론 신용대출은 1년 만기가 도래할 때마다 재직 사실을 확인하여 연장 여부를 심사하지만, 당장 퇴사를 하게 되면 '대출'이라는 문턱을 넘을 수 없기 때문에 하는 선택이다.

실제로 만난 대기업 직장인이었던 고객 중에 집을 매수하고 담보대출 받고 얼마 뒤에, 다시 와서 곧 퇴사한다는 말을 했다. 직장을 다닐 때 누리는 여러 장점 중 하나인 대출을 현명하게 활용하는 것도 방법이다. 은행을 더욱 현명하게 이용한다면 자산을 빠르게 증식시킬 수 있다. 우리가 은행과 친해져야 하는 이유다.

매일 돈 버는 사람들

사회초년생에게
말하고 싶은 것

    우리 인생에서 '사회초년생'은 의미가 크다. 취업은 자신의 힘으로 돈을 벌기 시작한 것과 동시에 재정적으로 스스로 자신을 책임져야 한다는 의미이기도 하다. 그러나 많은 사회초년생들이 어떠한 금융 교육도 받지 못한 채 돈을 벌기 시작한다. 제대로 된 소비 습관이나 저축 습관을 갖추지 못하면 처음부터 잘못된 길을 가게 될 공산이 크다.

    나는 24세에 사회생활을 처음 시작했는데, 나 역시 당시에는 은행에서 근무했음에도 재테크를 어떻게 해야 하는지 몰랐다. 그저 저축만 했다.

금융 습관의
첫 단추

재테크의 첫 단추를 잘 꿰어야 하는 이유는 잘못된 금융 습관을 들이면 헤어나오기 힘들기 때문이다. 카드론, 현금 서비스처럼 쉽게 쓸 수 있는 대출, 한 달 벌어 한 달 소비하는 삶을 당연하게 생각한다. 이러한 소비는 눈에 보이지 않지만 1-2년만 지나도 다른 사람과 큰 격차를 낸다.

이러한 소비는 온라인에서 타인의 삶을 쉽게 엿볼 수 있기 때문에 벌어지는 일이기도 하다. 화려한 장소, 화려한 옷차림, 화려한 음식들을 보면서 상대적 박탈감을 느끼는 사람도 많다. 하지만 타인과 자신을 비교할수록 자신의 삶이 비참하게 느껴지고, 인생이 부정적일 뿐 그 모든 것은 무의미하다. 타인의 삶을 보는 시간에, 스스로의 삶을 돌아보자. 내가 가진 것, 내게 주어진 것, 내가 누리는 것이 무엇인지 살펴보자.

나를 자세히 들여다보면 알게 되는 사실이 있다. 생각보다 나에게 쏟는 시간도 부족하다는 사실이다. 또 나에게 부를 일굴 힘이 있다는 사실도 알게 된다. 그 사실을 깨닫고

매일 돈 버는 사람들

나면 누군가를 부러워할 여유가 없다. 나보다 잘난 사람은 세상에 너무나 많으며, 비교는 끝이 없다. 사람들은 10억 원을 가지면 100억 원을 가진 사람을 부러워한다. 100억 원을 가지면 1,000억 원을 가진 사람이 부러워한다. 1억 원을 가졌더라도 내가 가진 것에 집중하는 삶이 더 행복하다.

그러니 자신의 삶에 더 집중하자. 단 한 번 뿐인 내 삶을 비교하지 않고 가장 가치 있게 만들자. 지금 이 글을 읽고 있는 여러분이 20대라면, 다음 세 가지를 이야기하고 싶다.

1) 내가 최고의 자산이다

월급에서 일정 부분 저축하는 것이 사회초년생 재테크의 시작이다. 보통 60-70퍼센트까지 저축하고 나머지 돈으로 생활하는 습관을 갖는 것이 좋다.

월급에서 필수로 떼어놓길 추천하는 비용이 있는데 바로 자기계발 비용이다. 배우고 싶은 것, 업무와 관련된 자격증, 도서비 등을 빼놓자. 돈을 모으는 것 못지않게 중요한 것이 자기계발이다. 자기계발로 내 몸값을 높이는 일은 무엇보다 중요하다.

사회초년생때는 많은 월급을 받지 못한다. 적은 돈으로

생활해야 하지만 하고 싶은 것은 많다. 이 시기의 특징이 돈을 번다는 이유로 돈을 자유롭게 돈을 쓰고 싶다는 생각이 든다는 점이다. 그러나 소비보다 더 먼저 기억할 사실은 내가 가진 모든 것 중 나 자신이 최고의 자산이라는 점이다. 따라서 내 몸값을 높이는 일을 최우선으로 생각해야 한다. 월급의 10퍼센트는 자기계발하는 데 사용하도록 하자. 자기계발 비용은 장기적으로 보면 가장 좋은 투자가 된다.

자신의 몸값을 올리는 자기계발에는 경제 지식을 쌓는 일도 포함된다. 은행에서 근무하면서 만난 고학력자 중에 경제 지식은 전혀 없는 사람도 만나봤다. 학벌과 경제관념은 비례하지 않는다. 자신의 노동을 통해 돈을 버는 것도 중요하다. 하지만 노동하면서 버는 소득은 한계가 있기에, 노동하지 않아도 돈을 버는 구조를 만들어가기를 바란다.

그 구조를 만들기 위해서는 경제 흐름을 아는 것이 필수다. 무엇이든 관심을 가져야만 들리고 보인다. 금리 동향, 경제 이슈, 시사에 관심을 쏟고 세상이 돌아가는 구조를 파악하자.

구체적으로는 직접 투자를 하면서 경험을 쌓는 방법도 있

매일 돈 버는 사람들

다. 주식에 투자하거나 펀드, ETF에 투자해본다. 자신에게 맞는 방식을 선택하여 투자해보기를 추천한다. 주식은 직접 투자이고, 펀드와 ETF는 간접 투자이다.

투자를 처음 시작하는 사람들에게 당부하고 싶은 말이 있다. '초심자의 행운'을 기억해야 한다는 것이다. 수익이 난다고 하더라도 무리한 투자를 해서는 안 된다. 처음에는 소액으로 시작하더라도 수익을 경험하면 투자비용은 점점 늘어나게 된다. 나도 모르는 사이에 큰돈을 주식계좌에 넣는다. 그 투자금이 손실되는 것을 보는 순간, 그동안의 노력이 물거품이 된 듯한 좌절을 느끼기도 한다.

그래서 투자 상품에 가입할 때는 이 계좌에는 '한 달에 얼마씩만 투자하겠다'라는 다짐으로 시작하기를 권한다. 매달 직접 투자하는 게 어렵다면, ETF나 펀드에 적립식으로 투자해보기를 추천한다.

2) 이 시간은 다시 돌아오지 않는다

시간은 다시 돌아오지 않는다. 부자들은 이 사실을 누구보다 잘 알고 있기 때문에 돈으로 시간을 산다. 비싼 돈을 지불하고 비즈니스 클래스를 이용한다. 기사를 고용한다. 나 대신 일해줄 누군가를 채용함으로서 자신의 일을 레버리지하고 시간을 얻는다.

사회초년생은 상대적으로 시간의 여유가 많다. 부양해야 할 가족이 있는 것도 아니고 자유롭기 때문에 내 의지대로 시간을 사용할 수 있다. 그런데 의지대로 시간을 쓸 수 있다는 이유 때문에 시간이 얼마나 소중한지 체감하지 못한다.

인생에는 타이밍이 있다. 사회초년생은 시간적 여유도 있을 뿐더러 돈을 모으기도 아주 좋은 시기이다. 월급이 많지는 않지만 고정적으로 나가는 지출이 기혼보다는 상대적으로 적다.

무엇보다 기억해야 할 사실은 사회초년생의 그 시절은 다시 돌아오지 않는다. 다시 돌아오지 않는 시기에 돈에 대한 고민과 함께 시간에 대한 고민도 함께 해보면 좋겠다.

3) 경험을 사라

물질을 살 때 기쁨은 잠깐이지만, 경험을 살 때 교훈은 오래 남는다.

사회초년생 때 돈을 모으되, 남는 여유자금 안에서는 물건을 위한 소비보다는 경험을 위한 소비를 권한다. 해외여행, 배움 등 무엇이든 좋다. 흔히들 나이가 들면 돈도 있고 시간도 있는데 건강이 받쳐주지 않아 여행을 못 간다고 말한다. 돈도 있고, 시간도 있고, 건강할 때 많은 경험을 하면 얼마나 좋은가. 젊은 시기는 다시 돌아오지 않는다. 돈도 중요하지만 돈보다 더 중요한 것은 시간이라는 사실을 기억하자. 억만금을 줘도 다시 돌아갈 수 없다. 다시 돌아오지 않는 시간에 내가 할 수 있는 다양한 경험을 하는 데 돈을 써야 한다.

옛날에는 어른들이 하는 이야기는 그저 꼰대의 이야기 같고, 잔소리 같기만 했다. 일부러 더 청개구리처럼 말을 듣지 않았던 시절도 있었다. 내가 그 사람들의 나이가 되니 알 것 같다. 왜 어른들이 뻔한 이야기를 그렇게나 했었는지 말이다. 아마 지금 내가 하는 말도 누군가에게는 어른의 잔소리로 들릴지 모르겠다. 그럼에도 단 한 명에게라도 도움이 되길 바란다.

과거의 내가 보낸 시간이 지금의 나를 만든다. 20대 때부터 열심히 운동을 했다면 30대에는 분명 좋은 몸을 갖게 된다. 20대 때부터 재테크를 시작했다면 30대에는 돈에 대한 철학이 생긴다. 시간은 배신하지 않는다. 나의 시간을 무엇으로, 어떻게 채울지에 대한 고민을 꼭 하기를 바란다.

잘 모으는 것만큼
중요한 잘 쓰는 것

'저축'이라는 단어를 떠올리면 어떤 생각이 드는가? 아마 '무지출 챌린지'와 같은 단어를 떠올릴지도 모르겠다. 또는 자린고비처럼 아끼는 모습이 떠오를 수도 있다.

대부분 저축을 해야 한다고 하면 무조건 열심히 모으는 모습에만 초점을 맞춘다. 하지만 과도한 저축은 오직 그 시기에만 할 수 있는 많은 것을 놓치게 만들기도 한다. 모든 자산을 저축만 할 것이 아니라 일부분은 저축을 하고, 잘 쓰는 일에 쓰기를 바란다. 무조건 아끼기만 하다가 '인생의 때'를 놓칠 수 있다.

'돈을 많이 벌면 보답해야지, 돈을 많이 효도해야지' 하는 생각은 조건부다. A를 해야만 B를 할 수 있게 된다. A라는 시기가 오길 기다리지만 누군가에게는 그 시기가 빠르게 오고 누군가는 그 시기가 아예 오지 않기도 한다.

돈을 현명하게 쓸줄 알아야 돈도 현명하게 모은다. 다음은 내가 20대 때 돈 모으면서 했던 일 중 잘했다고 생각하는 것 세 가지이다.

첫째, 엄마를 모시고 해외여행 매년 간 것이다. 스위스, 파리, 이탈리아, 대만, 싱가포르 등의 나라를 다녀왔다. 벌써 10년이나 한참 과거의 일인데도 아직도 엄마는 그때 정말 좋았다고 말씀하신다.

돈이 중요한 이유는 나와 내 가족을 지킬 수 있기 때문이다. 지킨다는 것은 생계의 의미도 있지만, 정서적으로 지켜준다는 의미도 있다. 내가 번 돈으로 나를 키워준 부모에게 정서적인 보답을 하는 일은 행복이다.

둘째, 갖고 싶던 명품 가방 하나쯤 산 것이다. 얼마 전 회사 동료와 대화 중 한 동료가 그런 이야기를 했다. 결혼 전에 가장 후회되는 것이 명품 한번 안 사본 것과 집 안산 것이라고. 그 직원은 그동안 돈을 저축만 해왔다고 했다.

나는 보너스를 받으면 자유적금에 넣기도 했지만, 가끔

은 명품을 내 스스로에게 선물했다. 명품이 필수는 아니지만, 하나쯤 있다면 꼭 필요한 자리에 유용하게 쓸 수 있다고 생각한다. '자신감은 백화점에서 돈을 주고 사올 수도 있다' 라는 말도 조훈현의 《고수의 생각법》에 나온다. 사람의 내면도 중요하지만, 보이는 첫인상도 정말 중요하다. 단정한 헤어, 단정한 옷, 곧은 자세, 밝은 표정 이런 것이 모여 결국 '나'라는 사람을 이룬다.

셋째, 자기 계발에 돈 쓴 것이다. 취업하고서도 공부의 끈을 놓지 않았다. 대학 때 전공했던 언어를 계속 배우고 싶어서 새벽 6시에 어학원에 갔다가 출근하는 삶을 반복했다. 매월 월급의 20만 원 이내에서는 자기 계발 비용으로 할애했다. 그때 자신에게 투자했던 그 습관이 아직도 남아 있기에 지금도 나에 대한 투자를 아끼지 않는다. 매달 책을 구매하는 비용, 운동에 지출하는 비용, 자격증에 투자하는 비용들을 그 어떤 저축보다 소중하게 생각한다.

부동산, 주식, 코인에 투자하는 비용보다 더 우선되어야 할 것이 나에 대한 투자다. 부동산과 주식의 가격이 떨어지고 오르는 것은 내 의지대로 할 수 없지만, 내 몸값을 높이는 일은 내 의지로 할 수 있는 일이기 때문이다.

넘치는 돈을
내가 담기 위해

돈을 잘 모으는 일은 중요하다. 그만큼 돈을 잘 쓰는 일도 중요하다. 잘 쓴 돈은 나에게 두 배, 세 배의 가치로 돌아온다. 돈을 너무 쥐려고 하면 가진 것을 잃지 않는 데만 애쓰게 된다. 돈을 지키는 일도 중요하지만, 돈을 잘 버는 일, 번 돈을 잘 사용하는 일, 가치 있게 소비하는 일에도 관심을 가지자.

나는 늘 이 세상에 돈은 넘쳐난다는 사실을 상기하며 산다. 수많은 건물, 넘쳐나는 돈, 이 세상은 풍요로 가득하다. 풍요로운 세상에 넘치는 돈이 나에게 오려면 내가 먼저 그 돈을 담을 만한 사람이 되어야 한다. 이 글을 읽는 여러분들이 돈을 모으되 모은 돈을 현명하게 사용하는 방법도 함께 배우기를 바란다.

내가 보는 책이
나를 만든다

어느 날, 출근길 승강장에 진입하는 지하철을 타기 위해 나는 계단을 두 칸씩 올랐다. 다리의 후들거림을 느낄 새도 없이 뛰어오르던 차에 계단의 끝이 보이기 시작했다. 이제 다 왔다고 생각한 순간, 다리의 힘이 모두 풀려버렸고, 나는 그대로 넘어지고 말았다.

그 사건 뒤로 운동을 시작했다. 공복 유산소 운동을 했다. 16시간 공복을 지키고 30분 이상 달리기를 했다. 처음 달리기를 시작한 순간엔 숨이 가빠온다. 10분이 지나면 땀이 나기 시작하고 이내 옷은 다 젖고 만다. 땀을 실컷 흘린 후 샤

매일 돈 버는 사람들

위를 하는 순간의 짜릿함을 40년 가까이 살면서 처음 느껴 보았다. 그렇게 한동안 나는 달리기를 했고, 달리기가 인생의 낙이 되었다.

한 달이 지나자 어느새 몸이 가벼워졌다. 하루, 이틀 운동했을 때는 변화가 없었다. 그런데 2, 3주가 지나자 체중이 줄고 군살이 빠졌다. 운동을 하니 활기가 생겼다. 동시에 먹는 영양소도 조절했다. 탄수화물 양을 줄이고 단백질의 양을 늘렸다. 30대 초반보다 더 건강한 몸을 갖게 되었다.

'내가 먹는 것이 나를 만든다'라는 이야기가 있다. 직접 경험해보니, 그 말이 맞다. 보는 것도 마찬가지다.

내가 본 것 역시
나를 만든다

우리는 하루 종일 무엇을 볼까? 눈을 뜨고 있지만 실제로 보는 것일까? 유심히 보지 않으면 보이지 않는 것이 많이 있다. 우리는 대부분 그냥 보기는 할지언정 유심히 보지 못한다.

오늘 우리가 단 하나라도 유심히 무엇을 보았는지 생각해보자. 유심히 보는 일은 애정을 갖고 본다는 말과 같다. 가령 갓 태어난 평온한 아기의 얼굴을 하염없이 바라보는 일과 같은 것이다. 즉, 그것에 대해 관심이 있어야만 유심히 볼 수 있다.

은행에 앉아 곰곰이 생각해본다. 나는 하루 동안 무엇을 보고 있나. 하루 절반 이상을 컴퓨터 모니터를 본다. 동료의 얼굴을 보고, 고객의 얼굴을 본다. 퇴근 후에는 1-2시간 남짓 남편의 얼굴과 아이의 얼굴을 본다. 출퇴근 길 버스 밖으로 보이는 잠깐의 낙엽도 내가 보는 풍경 중 하나이다.

내가 애정을 가지고 보는 것이 또 하나 있다. 바로 책이다. 먹는 음식이 나를 만들 듯, 보는 책이 나를 만든다고 생각한다.

성인이 되도록 내 돈 주고 책을 사본 일이 없었다. 나에게 책은 시험이나 자격증처럼 어떠한 목적을 위해 보는 것이었다. 그랬던 내가 몇 년 전부터 책을 읽기 시작했다. 진심으로 독서를 했던 그때의 감동을 잊지 못한다. 책은 아름다운 세상을 보게 했다. 좋은 책 한 권을 만난 순간은 수천 만 원

매일 돈 버는 사람들

을 번 듯한 기분이 들 정도의 쾌감을 느꼈다. 그 뒤로는 책을 사는데 돈을 절대 아끼지 않았다.

집이 책으로 가득 차도, 지저분한 집이 되어도 책을 꾸준히 샀다. 넓지 않은 집이지만 수백 권의 책이 있다. 아이들 책까지 합하면 천 권은 넘을 것이다. 어른 책, 아이 책 할 것 없이 집에는 책이 차고 넘친다. 도서관에서 빌려보는 것도 좋지만 좋은 책은 두고 보는 것이 좋다. 지금도 텔레비전 없이 지내는 우리 집 아이들에게 가장 좋은 친구는 책이다.

우리 인생에 좋은 풍경을 보는 일만큼 좋은 글, 좋은 책을 보는 일은 중요하다. 수많은 책들 중 내가 세 번 이상 읽은 책이 있다. 이 책들은 인생 책이라고 부를만한 책이고 나의 사고방식이 180도 바뀌도록 도와준 책들이다.

1) 인간관계를 돌아보게 한 책

첫 번째는 《데일카네기의 인간관계론》이다. 나는 어릴 때부터 내성적인 성격에 친구가 많지 않았다. 친구를 넓게 많이 사귀는 친구들을 부러워했다.

인간관계는 대학에 입학해서도, 취업을 해서도 늘 고민이었다. 어떻게 하면 동료의 마음을 얻을 수 있을까? 심지어 여러 사람을 응대하는 일을 하다 보니, 어떻게 하면 고객의 마음을 얻을 수 있을지 늘 생각했다.

《데일카네기의 인간관계론》을 읽고 난 뒤, 나는 모든 사람이 자신이 인정받기를 원한다는 아주 중요한 사실을 알게 되었다. 인정 욕구, 모든 사람이 간절하게 원하는 것이다. 책에서 읽은 것을 하나씩 실천했다. 동료의 이름을 더 많이 불러주고, 없어서는 안 되는 존재임을 이야기했다. 진심을 다해 칭찬하고 성과를 인정했다. 자연스럽게 많은 사람들이 나를 좋아하게 되었고 나의 인간관계는 넓어지게 되었다.

가장 기본이 되는 인간관계를 해결해야만 누군가의 마음을 얻을 수도, 자신의 원하는 것을 이룰 수도 있다. 아첨해야 한다는 이야기가 아니다. 그저 타인에 대해 진심을 다해 관심을 갖고, 애정을 주는 것이다.

2) 내 자산을 돌아보게 한 책

두 번째는 《부자 아빠, 가난한 아빠》이다. 로버트 기요사키라는 저자가 쓴 책으로 이미 유명한 경제분야 베스트셀러이다.

이 책을 읽고 나는 부의 시스템을 배웠다. 근로소득자들이 세금을 먼저 내고 급여를 받는 반면, 사업자는 소득을 받고 세금을 나중에 낸다. 또한, 진짜 자산이 무엇인지, 나에게 돈을 가져다주는 것이 진짜 자산임을 이 책을 읽고 배웠다. 우리가 공교육에서 배우지 못한 자본주의에 대해 일깨워주는 책이라고 추천하고 싶다.

모두가 같은 교육을 받고, 더 좋은 대학에 입학하고, 더 좋은 회사에 입사한들, 조금 더 많은 연봉을 받는 것이 전부일 뿐, 인생이 바뀌지 않음을 깨달았다. 결국 우리는 월급이 아닌 자본소득을 추구해야 한다. 자본주의를 일깨워주는 이 책을 사회초년생들이 꼭 읽길 바란다.

3) 인생의 방향성을 알려준 책

세 번째 책은 《프레임》이다. 돈을 벌기 위한 공부를 하면서 내 평생 벌 수 있을까라고 생각했던 돈을 벌게 되었다. 나는 내가 꿈꾸던 부자의 기준보다 더 넘치는 재산을 모은 것이다. 그렇지만 행복하지만은 않았다. 분명 처음 재테크를 시작할 때 나의 목표는 이만큼이었는데, 어느새 그 목표는 두 배 이상 넘쳐 있었다. 그리고 깨달았다. 물질적인 목표는 끝이 없다는 것을.

돈에 대한 목표는 끝이 없음을 깨닫고 난 뒤, 나는 무엇을 추구하며 살아야 할까에 대한 고민을 하기 시작했다. 나는 혼자 부자가 되어 잘 먹고 잘사는 사람이 되고 싶지 않다. 분명 나를 필요로 하는 누군가를 돕고, 그로써 세상에 도움이 되길 바란다. 누군가에게 가치를 제공함으로서 세상을 좀 더 이롭게 만들면 더할 나위 없겠다는 바람을 품고 있다.

같은 청소를 하면서도, 누군가는 매일 하는 청소일이라고 치부했고, 누군가는 지구의 한편을 깨끗하게 만드는 일이라고 생각한다. 내가 하는 일에는 나만의 의미를 부여하면 그만이다.

매일 힘든 출근길에도, 나는 생각했다. 나는 누군가에게 도움을 주기 위해 일하는 것이다. 대출이 필요한 사람, 금융이 필요한 사회초년생에게 나는 도움을 주기 위해 일을 한다. 그것의 연장선상으로 은행에 오지 않더라도 쉽게 금융지식을 접할 수 있도록 온라인에 글을 써내려가기 시작했고, 유튜브를 하기 시작했다.

우리는 자신이 하는 일의 의미를 찾아야 한다. 하루의 대부분 가장 많은 시간을 할애하는 자신의 일터에서 그 의미

매일 돈 버는 사람들

를 찾아야만 한다. 내가 지금 왜 이 일을 하는지 모르겠다면, 이 일에서 의미를 찾고 싶다면《나는 왜 이 일을 하는가?》라는 책도 일독하면 도움이 될 것이다. '무엇'이 아닌 '왜'로부터 시작하는 질문에서 오는 나만의 답지를 그려나가는 과정이 꽤 신선할 것이라 믿는다.

나만의 의미를
발견하는 독서

아이를 키우며 부모로서 중요하게 생각하는 것은 딱 하나다. 바로 독서 습관이다. 공부 잘하는 아이보다 책을 많이 읽는 아이가 되기를 바란다.

나는 성인이 되어서도 내가 뭘 좋아하는지 몰랐고, 어떤 일을 해서 돈을 벌어야 할지 몰랐다. 30살이 넘어서 독서를 하며 나는 내가 무엇을 좋아하는지, 어떤 일을 하고 싶은지 조금씩 알아갔다.

좋은 대학, 높은 학점, 대기업, 고연봉 이런 것들이 성공의 척도는 아니다. 돈을 많게 벌든, 적게 벌든 내가 하는 일에 가치를 느끼고 세상에 조금이라도 기여하는 삶. 그런 삶을 우리 아이들이 살아가길 바란다. 그런 삶을 살아가는데 수능 점수는 중요하지 않다. 나의 가치는 등수로 결정되는 게 아니라 세상에 무엇을 남길 수 있느냐로 결정된다.

이 책을 읽고 있는 독자들도 자신만의 의미를 찾고, 그 의미를 추구하는 삶을 살아간다면 더 바랄 것이 없겠다. 나 혼자 잘사는 삶보다, 내가 가진 재능을 세상에 나누고 조금이라도 기여할 수 있는 그 행복을 함께 누리기를.

'회사 = 나'
당신의 명함은?

     오랜만에 함께 근무했던 동료들을 만났다. 한 명은 은행을 퇴사했고, 한 명은 다른 지점에서 근무하고 있다. 오랜만에 만났더니 근황 이야기와 함께 은행원답게 재테크 이야기가 빠질 수 없었다.

     한 명은 주식을 열심히 하고 있었다. 매일 공부하고 좋은 기업을 사서 기다리면서 투자 공부에 푹 빠져 있었다. '묻지 마 투자'가 아닌, 스스로 공부해서 좋은 주식에 바람직하게 투자했다. 또 다른 동료는 퇴사하고 육아를 했다. 온전히 아이를 돌보는 일이 회사 다니는 것 못지않게 어렵고 힘들다고 이야기했다. 나머지 한 명인 나는 여전히 16년 째 은행에서 근무하고 있다.

각자 상황이 다른 우리지만 우리 셋의 공통점이 있었다. 바로 '회사＝나'라는 생각을 진작에 떨쳐버렸다는 것이다.

회사는
내가 아니다

은행권은 주기적으로 희망퇴직 신청을 받는다. 그 대상은 대부분 나이가 많고 연봉이 높은 사람이다. 기업 입장에서는 비용 많이 드는 인력을 줄이고 임금이 낮은 인력을 채용하는 편이 더 생산적이라고 생각하는 것이다. 한창 젊은 나이에는 큰 보수를 받지 못하고 일하다가 이제 돈을 좀 버는 나이가 되면 떠나야 하는 것이 현실이다.

정년이 보장된다고 해도, 실질적으로 50세가 넘은 사람들은 언제 짤릴지 모른다고 생각하며 다닌다. 자녀들은 한창 자라는데, 50대라는 나이는 일을 안 하고 쉬기에 너무나 젊은 나이다. 재미있게도 아직 30대, 40대인 직원들은 이런 현실을 실감하지 못한다. 대부분 먼 이야기라고 생각한다. 아니면, 당장의 생계가 급급해서 미래에 대한 생각을 미처 하지 못하곤 한다.

내가 일하는 곳의 젊은 직원들도 대부분 오래 근무할 계획을 세우고 있다. 나 역시도 입사할 때는 같은 마음이었다. 입사하고 많은 직원의 원치 않는 퇴사를 직접 눈으로 보았다. 그만두지 않으면 험한 꼴을 보게 되리라는, 지금은 상상할 수 없는 일을 눈앞에서 직접 보게 되었다. 그때부터 나는 직장인의 현실을 깨달았다. 언젠가 회사원이 아닌, 내 이름 세 글자로 세상을 나갈 준비를 해야 한다는 것을 말이다.

직장인들 중 '회사의 명함이 바로 나'라고 생각하는 사람들이 있다. 하지만 그 명함은 언제든지 내어줄 수 있는 것이다. 현실을 자각하게 되면 나만의 명함을 만들어야겠다는 생각을 갖게 되지만, 대부분 늦게 깨닫고 만다.

회사를 다니는 기간은 단순히 돈을 버는 기간이 아니라 세상에 나올 준비를 하는 기간이다. 돈을 벌기 위해 회사를 다니기보다 배우기 위해 회사를 다녀야 한다. 그래서 업무를 제대로 배우는 것도 중요하지만 그것에 그쳐서는 안 된다. 연수, 강의도 듣고 모르는 부분은 배워나가는 자세가 필요하다.

회사는 나를 책임져주지 않고, 영원한 것은 아무것도 없다. 우리 모두는 언젠가 퇴사를 하게 되고, 퇴사 후에 남는 것의 나의 이름 석 자뿐이다.

준비가 된 당당한 퇴사와 언제 그만둘지 몰라 불안한 직장생활 중 무엇을 택할지는 온전히 나의 선택에 달려 있다. 언젠가 만들 나만의 명함을 위해 자기 계발은 필수다.

나는 어떤 가치를 주는
사람인가

나는 직장생활 외에도 주말에는 연수를 들었고, 자격증을 취득했다. 그리고 회사에서 배운 것들, 새롭게 출시되는 상품들을 혼자 공부하면서 글로 남기면 누군가가 도움을 받으리라는 생각으로 글을 썼다. 바뀌는 정책, 새로운 상품, 나의 투자 이야기들을 블로그에 적어 내려갔다.

블로그에 글을 쓰기 시작한 지 꽤 오랜 시간이 지났다. 블

매일 돈 버는 사람들

로그에 모인 글들은 어느새 한 권의 책이 되어 세상에 나왔다. 어느 순간에는 내가 아는 것을 말로서 제공해야겠다는 생각이 들었다. 글로 쓰는 것과 설명하는 것은 또 다른 이야기였다. 매 순간 어려웠지만, 내가 모든 것을 시작할 때의 동기는 딱 하나, 단 한사람에게라도 도움이 되었으면 좋겠다는 마음이었다. 나만의 동기부여를 가진 사람은 무언가를 꾸준히 지속할 수 있다. 여전히 글을 쓰고, 영상을 찍고, 책을 출간하는 이유다.

그것은 어쩌면 사명감이기도 하다. 운 좋게 금융권에 취업해서, 부자인 사람, 부자가 아닌 사람을 만나고, 여러 금융 상품을 직접 가입해보면서 경험한 것을 나누는 것 그 경험을 나누고 누군가는 나의 경험을 듣고 더 나은 선택을 할 수 있도록 돕는 것이 나의 사명이라고 생각한다. 그 사명감이 없었다면 무언가를 이렇게 오래 지속하기는 어렵지 않았을까.

같은 시간 동안 같은 일을 하지만 어떤 마인드로 접근하는지에 따라 누군가에게는 지루한 근무시간이 된다. 누군가에게는 사람들을 안전하게 데려다 주는 사명감을 지닌 직업으로서의 역할을 수행하는 시간이 된다.

우리는 항상 내 업의 가치는 무엇일지 찾아야 한다. 그래야 내 일에 가치가 생기고, 그래야 오래 일을 사랑하며 해낼 수 있다.

'내 업의 왜?'는 무엇일까. 나는 고객에게 어떤 가치를 줄 수 있을까. 고민해본다. 이 글을 읽고 있는 여러분도 자신의 업이 어떤 가치를 제공하고 있는지 생각해보자. 생각만 바뀌어도 지옥이 천국이 되곤 한다.

나는 믿는다. 이 모든 것이 쌓인다면 언젠간 나 자체가 하나의 브랜드가 되는 순간이 온다. 브랜드는 한 순간에 만들어지지 않고, 오랜 시간이 축적되어 만들어지는 고유한 것이다.

세상에 가장 위대한 사람은 꾸준한 사람이라고 믿는다. 오랜 시간 쌓인 글과 나의 흔적이 나를 대신해주는 명함이 될 것이다. 언젠가는 은행의 명함이 아닌, 내가 스스로 만든 나만의 명함으로 세상에 두 발로 우뚝 설 것이다.

매일 돈 버는 사람들

직장에서
잘 나가는 법

회사원으로 평일 대부분의 시간을 보내는 나만의 회사생활 루틴이 있다. 제한된 시간에, 좋은 성과를 내기 위한 나만의 방법이다.

첫째, 핸드폰 알림은 무음으로 해둔다. 그렇게 하지 않으면 안 읽은 메시지 개수 표시와 핸드폰 상단에 떠 있는 알림이 거슬려서 계속 무의식적으로 확인하게 된다. 이렇게 중요하지 않은 일에 시간을 뺏기는 경우가 많다. 하루 중 잠깐씩 핸드폰을 만지는 시간을 다 합하면 족히 2시간은 될 것

같았다. 진짜 급한 용건이면 전화가 걸려오기에 무음이어도 생활하는 데 지장이 없다. 무음은 오히려 업무 향상성을 높인다.

꼭 필요한 말을 문자 하나에 꼭꼭 눌러 담았던 시절이 있었다. 지금은 불필요한 말과 필요한 말이 함께 범람한다. 살면서 불필요한 것만 줄여도 인생이 꽤 쉬워진다.

둘째, 점심은 소식한다. 점심은 과하게 먹는 날은 소화시키느라 일에 집중할 수가 없다. 특히 나처럼 사무직은 하루에 대부분을 의자에 앉아서 일한다. 앉아서 일하면 소화도 안 될 뿐더러 식사 이후에는 졸음이 쏟아지기도 한다.

예전에는 밥을 든든하게 많이 먹어둬야 한다고 생각했다. 하지만 경험상, 과식하면 위가 더부룩하고, 소화를 시키느라 뇌의 에너지를 대부분 사용하는 느낌이 들었다. 그것을 깨달은 뒤로 점심은 정말 소식한다. 대부분 도시락으로 간단하게 끼니를 해결하고, 밖에서 식사를 할 때도 배를 채울 정도만 먹는다.

셋째, 출근 길에 나만의 확언을 한다. 직장생활 10년이 넘어가니 월요병이라는 것이 없다. 월요일은 그저 평일 중 하나일 뿐이지 크게 의미를 부여하지 않는다.

다만, '매일 하루를 특별하게, 또 좋은 성과를 내자'라며 아침마다 버스 안에서 스스로 다짐을 한다. 왜냐면 인생은 생각하는 대로 흘러가기 때문이다. 정말 신기하게도 긍정적인 생각을 더 많이 하며 출근한 날은 일이 잘 풀리는 경우가 많았다. 어쨌든 업무에 최선을 다한다.

누군가는 이렇게 물을 수 있다.

"같은 월급 받으며 왜 굳이 왜 그래야 해?"

왜 그렇게까지 열심히 일해야 하냐고 묻는다면, 그것이 나에게 가장 도움이 되기 때문이라고 답한다. 몰입하면 시간이 빨리 흐르고 몰입하면 즐겁다. 본업에서 성과가 좋아야 부업도, 투자도 수월해진다.

가끔 이런 사람을 본다. 업무 시간에 다른 생각을 하고, 업무와 관련 없는 일을 하는 사람들이 있다. 언뜻 보면 일 덜하고 월급은 그대로 받으니 좋은가 싶지만 세상은 그렇지 않다. 내가 지금 하는 일에 최선을 다하면서 몰입하는 사람만이 본업도, 부업도, 투자도 더 잘해낼 수 있음을 안다. 내게 주어진 일에 최선을 다하는 것, 모든 것의 기본이다.

직장인은 수시로 권태가 찾아온다. 이럴 때, 내가 쓰는 방법이 있다. 이렇게 생각하면 권태가 사라진다.

'나는 돈을 버는 것이 아니라, 일을 배우며 돈을 받는 중이다.'

돈을 벌기 위해 일한다고 생각하기보다, 배우면서 돈도 번다고 생각하면 그 일이 두 배는 값지게 느껴진다. 그렇다고 학생처럼 일해서는 안 된다. 배움과 성과가 함께 있어야만 의미가 있고, 회사에 기여도 할 수 있게 된다.

특히, 은행 업무는 정말 다양하다. 정년까지 다녀도 다 배울 수 없을 만큼 업무가 광범위하다. 그래서 20년 가까이 일하면서 나는 여전히 매일 매일 배우는 중이다. 배워놓으면 다 쓸모가 있고, 언제 어디서 내 능력을 발휘할 수 있을지 모르기 때문에 기꺼이 배운다.

모르는 것이나 어려운 업무를 만났을 때도 왜 나에게 이런 일이 벌어졌는지 생각하기보다, 이 일을 해결하면 얼마나 더 많이 성장하게 될지에 집중한다. 작은 태도의 차이가 큰 변화를 만들어낸다.

몸값은 부의 확장

키워드다

금융 관련 자격증 하나 없이 은행에 입사했지만, AFPK 국가공인 재무설계사와 국제 재무설계사 CFP 자격증을 취득했다. 연수를 신청하고 수료하면서 나만의 전문 커리어를 쌓고자 노력했다. 이런 노력 덕분에 내가 일하고 싶었던 곳에서 일할 수 있는 기회도 얻게 되었다. 연봉은 매년 상승하였다. 지금은 연봉 1억 원 이상의 수입을 얻는다.

또한 나의 지식을 누군가에게 나누고자 시작했던 일에서 월급 이외의 수입도 창출되었다. 이런 보상은 회사 밖에서도 유효했다. 어느 해는 연봉 이상의 부수입을 얻기도 했다.

그 과정에서 값진 것은 물질적인 보상이 아니었다. 그보다 더 큰 것은 성장에 대한 기쁨이었다.

사람을 움직이는 것이 돈이 아님을 알게 해준 곳은 직장이었다. 돈을 벌기 위해 취업을 하고 일했지만, 회사에서 정작 기뻤던 순간은 보너스를 받았을 때가 아니었다. 바로, 회사 내 세일즈 경진대회에서 입상했을 때, 고객에게 좋은 상품을 소개하고 감사하다는 인사를 받았을 때였다. 그렇게 알게 되었다. 물질이 주는 행복보다 더 큰 행복을 말이다.

나는 누군가를 돕고, 누군가에게 도움이 되었을 때 비로소 존재의 의미를 느꼈다. 나뿐만 아니라 분명 다른 누군가도 나처럼 세상에 작은 도움이나 쓸모가 됨으로써 살아갈 이유를 얻을 것이다. 이처럼 회사를 다니면서 경제적인 기반을 얻었지만, 더 중요한 인생을 배웠다.

그렇다고 회사에 영원히 머물 생각도 없다. 평생 직장인이 아니라 진짜 내 일을 하기 위한 직업인으로 가는 과정 중에 있다고 생각한다. 즉, 직장은 그저 돈을 버는 곳이 아니라 다음 단계로 넘어가기 위한 발판이 되어야 한다.

우리는 생각보다 더 오래 살게 될 것이며, 우리의 정년은 생각보다 더 빨리 찾아올 것이다. 나의 작은 바람은 오래도록 일하고 싶다는 것이다. 경제적 자유를 얻어서 일을 안 하고 사는 삶이 아니라, 생계의 고민에서 벗어나 하고 싶은 일을 오래하며 활기차게 사는 삶을 꿈꾼다. 모든 사람에게는 각자의 시기가 있다고 믿는다. 나는 내 속도대로 천천히 길을 밟는 중이다.

매일 돈 버는 사람들

어느 날, 회사 신입사원과 대화할 기회가 있었다. 꽤 늦은 나이에 취업한 직원에게 물어보니 취업 준비만 2년을 했다고 한다. 어렵게 취업한 직장에서 잘 배우고, 그것을 자신의 성장 밑거름으로 삼기를 바란다고 조언을 했다.

이제 평생 직장이 사라졌다는 것은 누구나 다 아는 사실이다. 그래서 직장을 다니는 시기가, 그저 은퇴 후의 삶을 기다리는 시기가 아닌 제2의 커리어를 위한 시기가 되어야한다. 돈이 많고 적음을 떠나, 사람은 일하며 성장과 발전을 한다. 그렇기에 돈이 많은 대기업의 회장도 열심히 일하는 것이리라.

당장의 월급으로 생계를 이어나가는 것도 물론 중요하다. 하지만 한걸음 더 나아가서, 더 나중의 나는 어떤 일을 하면서 세상에 기여할 수 있을지 고민해보는 시간도 필요하다.

젊었을 때 그냥 흘려버린 시간은 분명 어떠한 대가로든 돌아오게 되어 있다. 만약 직장인이라면 회사에서 최대한 나의 능력을 쌓자. 내가 일하는 분야에서만큼은 전문가가 될 수 있는 역량을 키우는 직업인이 되길 바란다.

직장에서
얻어가는 것

어느 날 퇴근 후, 회사 몇몇 직원들과 회식을 했다. 나를 포함한 다섯 명은 회사 뒤편 술집에 자리를 잡고 앉았다. 우리가 회사에서 배운 업무에 대한 공부를 했던 것을 마무리하는 자리였다.

곧 있을 인사이동에 대한 이런저런 이야기가 오갔다. 누가 승진할지, 누가 이동할지 어떤 시나리오가 펼쳐질지 등등 아무런 근거 없는 뜬구름 잡는 이야기가 이어졌다. 자리에 있던 사람들은 한참을 승진 이야기를 나누었다.

승진 이야기가 마무리되어갈 때쯤 한 직원이 이런 이야기를 했다.

"그래 봐야, 같은 노예들끼리 이런 이야기가 의미가 있나요. 일하고 월급 받고 그러면 되죠 뭐."

일하고 그 대가로 월급을 받는 사실은 변하지 않는다. 그 대가가 얼마냐의 차이일 뿐 우리는 모두 노동을 제공해야만 월급을 받을 수 있는 직장인들 중 하나이다. 대기업에서 근

매일 돈 버는 사람들

무한다고 다르지 않다. 도리어 더 넓은 세상이 밖에 있는데 올챙이들끼리 네가 더 빨리 개구리 되네, 내가 더 빨리 개구리 되네 경쟁하는 느낌이었다.

'노예'라는 단어를 언급한 직원의 옆에서 또 다른 직원이 이렇게 말했다.

"우리가 같은 직장에서 노예처럼 일하지만, 그럼에도 얻을 수 있는 것이 있지 않나요? 예를 들면, 회사 밖에서도 만날 수 있는 관계를 만드는 것처럼요. 회사에 있을 때나 부장이고 차장이지 결국 바깥에 나가면 선배고 후배이거나 지인이 될 테니까요."

그렇다. 연결고리가 없어도 이어질 수 있는 관계, 어쩌면 우리에게 필요한 것은 회사로 엮인 관계가 아니라, 사람 대 사람으로서 유대를 맺는 관계가 아닐까? 내가 회사에서 바라는 바였다.

더 높은 자리에 올라가려고 애쓰는 것, 승승장구해서 이름을 날리는 것보다 회사라는 조직 밖에서도 이어나갈 수 있는 인연을 더 많이 만드는 것이 나에게 중요했다. 사람들과 좋은 관계를 이어가는 것이 어느 순간 내가 회사를 다니는 이유 중 하나가 되었다.

직장생활에서
성장을 발견하다

아마 언젠가 노년의 시기에 그때 돈을 더 많이 벌어둘걸, 그때 더 승진할걸 이런 후회보다는 도리어 더 많은 사람을 내 옆에 두지 못해서 후회를 더 많이 할 것 같다는 생각이 든다.

당장은 동료를 제치고 더 빨리 승진하는 것이 가장 최선일지도 모르겠다. 내가 눈감는 순간, 더 빨리 승진하지 못한 일을 후회할까? 아니면, 더 좋은 사람을 곁에 두지 못한 일을 후회할까?

회사는 돈을 버는 곳이기도 하지만, 사람을 버는 곳인 동시에 나 자신의 능력을 버는 곳이다. 돈만 벌기 위해 회사를 다닌다면 정말 나 자신을 노예로 부리는 것과 같다.

회사를 다니면서 내가 더 키울 수 있는 능력은 무엇인지,

이 조직에서 배울 점은 무엇인지, 저 상사에게 배울 점은 무엇인지, 내가 맡은 직무에서 좀 더 전문성을 키우려면 어떤 것을 해야 하는지, 직원과 좋은 관계를 유지하기 위해 어떤 부분을 노력해야 하는지 생각하자. 조금만 깊이 들어가 봐도 회사 안에서 의미를 찾을 수 있는 일은 많다.

회사 생활이 힘들면 취업 준비를 하던 그 시간을 다시 떠올리는 것도 도움이 된다. 간절히 준비하던 마음, 그 마음만 잊지 않는다면 지금 주어진 모든 일들이 감사해질 것이다.

회사를 다니는 기간을 돈만 버는 시간이 아닌 성장의 시간이 되길 바란다. 돈을 벌기 위해 일하는 시간이, 부를 쌓는 즐거운 시간이자 삶을 성장하게 하는 값진 생활이 되길 바란다.

나가며

나만의 기준으로
살아갈 내일

은행에서 근무하면서 들었던 의문이 있다. 왜 누군가는 나라에서 주는 연금을 받으려고 번호표를 뽑고 긴 시간을 기다려 돈을 찾아갈까? 또 누군가는 쾌적한 VIP룸에서 대기 없이 차를 마시며 여유롭게 은행일을 볼까?

그들의 차이가 궁금했고, 나도 그렇게 부자가 되고 싶었다. 그리고 내가 내린 결론은 부자와 아닌 사람의 차이는 단 하나, '부자가 되겠다고 결심하는 것' 즉 생각, 태도에 달려 있었다.

VIP실을 찾는 고객들을 보며, 어떻게 부자가 되었는지, 어떤 마인드를 갖고 지냈는지 배우기 시작했다. 사소한 것이었지만 나라에서 주는 연금을 수령하러 오는 사람의 얼굴에는 근심이 가득해보였고, VIP실을 찾는 고객의 입가에는 웃음이 띄워져 있었다. 돈이 많아서 표정이 밝아졌는지, 밝은 표정이 부자를 만들어줬는지 전후관계는 알 수 없었다. 중요한 것은 우리가 아주 사소하게 생각했던 것들 자세, 표정, 마인드와 같은 것들도 내 자산을 이루는 요소 중 하나가 된다는 것이다.

그다음으로 재테크를 공부했다. 은퇴 후 연금만을 기다리는 삶을 살지 않기 위해서는 준비가 필요했다. 주식으로 시작한 재테크를 부동산으로 옮겨갔다. 재테크를 공부하며 노후 준비를 하는 동안 나는 경제적으로, 정신적으로 성장했다. 이제 더 이상 무엇을 할지 몰라 걱정하지도 않고 불안한 노후를 생각하며 막연해하지 않는다. 자산보다 더 큰 수확은 내 인생을 내가 주도적으로 살아갈 용기를 얻었다는 사실이다.

부에 대한 생각도 많이 바뀌었다. 재테크를 처음 시작할 때 부자에 대한 기준이 없었던 나는 자산을 무조건 더 많이 모으는 데만 집중했다. 시간이 흐르고 알게 되었다. 무언가를 소유하려면 그만큼 책임이 따른다는 사실을 말이다. 주기적으로 찾아오는 임차인의 연락, 5월 종합소득세, 7월과 9월에 재산세, 12월에는 종부세 등의 세금 같은 것들이 그렇다. 많이 소유한다는 것은 많은 것을 책임진다는 것과 동일했다.

재테크를 시작한 지 오래 지나고 나는 나만의 부의 기준을 찾았다. 경제적인 자유뿐만 아니라 시간적인 자유, 사람으로부터의 자유도 필요하다는 것을 기준 삼았다.

이 책에서도 강조하고 싶다. 부디, 부자가 되기로 결심했다면 자신이 생각하는 부의 기준을 먼저 세우길 바란다. 우리의 인생은 무언가를 더 많이 가질수록 풍요로워지는 것이 아니다. 나를 책임질 수 있는 자산, 건강한 몸, 건강한 관계를 이루는 가족과 친구들이 조화로울 때 비로소 '진짜 부자'가 된다는 것을 이제는 안다.

배우자와 재산분할소송을 진행하는 고액 자산을 가진 VIP, 수백억 원의 매출을 내는 기업체를 소유했지만 어느 날 갑자기 과로사한 고객, 돈이 많다는 이유로 모든 직원에게 반말로 응대하는 고객 모두 실제로 내가 만난 사람들이다. 이들 모두 내 기준에는 부자가 아니었다.

재테크를 하면서 나는, 더 많은 자산을 이뤄서가 아니라 그 과정에서 많은 성장을 했기에 비로소 행복했다. 한번도 해보지 못했던 것들을 도전하면서 나는 좀 더 나은 사람이 되었다. 임장을 하기 위해서 운전을 하게 되었고, 시간을 쪼개 쓰기 위해 새벽 기상을 하였다. 부동산 들어가서 사장님과 대화하는 것이 자유로워졌고, 세금에 대해서도 배웠다. 돈으로 매겨지는 자산보다 돈으로 살 수 없는 경험들이 나에게 더 큰 수확이다.

이 책을 마무리하며 질문하고 싶다.

"여러분만의 부의 기준은 무엇인가?"

은행에서 16년 동안 수천 명을 만나며 찾은 부의 비밀

매일 돈 버는 사람들

ⓒ 소울러브, 2024

1판 1쇄 2024년 10월 25일
1판 2쇄 2024년 11월 5일

지은이 소울러브

펴낸곳 소용
펴낸이 박지혜
기획·편집 박유녕
디자인 김진희
마케팅 이연주, 김선민

등록번호 제2023-000121호
전화 070-4533-7043 **팩스** 0504-430-0692
이메일 soyongbook@naver.com
인스타 instagram.com/soyong.book

ISBN 979-11-987114-4-1 (03320)